Eliott James
Licht auf den Alltag

Eliott James

Licht auf den Alltag

Spirituelles Wissen und praktisches Leben
in Einklang bringen

Ansata-Verlag
Rosenstraße 24
CH-3800 Interlaken
Schweiz
1992

Aus dem Amerikanischen übersetzt von Annemarie Döring
Lektorat: Urte Knefeli

Titel der Originalausgabe:
LIVING A BALANCED LIFE
Applying Timeless Spiritual Teachings To Your Everyday Life
Erschienen bei Dhamma Books, P. O. Box 724947
Atlanta, Georgia 30339, U.S.A.

Deutsche Ausgabe:

Umschlagbild: Robert Wicki
Satz: Jung Satzcentrum GmbH, Lahnau
Druck: Kösel GmbH & Co, Kempten/Allgäu

ISBN 3-7157-0154-4

Inhalt

Dieses Buch ist für Dich geschrieben.

Einführung

Lange habe ich mich um ein harmonisches Gleichgewicht zwischen meinem Leben und den spirituellen Prinzipien bemüht, die ich durch die Lektüre unzähliger Bücher und den direkten Kontakt mit etlichen spirituellen Meistern kennengelernt hatte. Ich näherte mich diesen Lehren von einem logischen, mentalen Blickwinkel aus und habe letzten Endes für die meisten einen Platz in meinem Inneren gefunden, in den sie sich gut einfügten. Doch diese Prinzipien auf mein Leben anzuwenden, bedeutete großenteils eher eine theoretische als eine praktische Übung für mich. Einerseits hatte ich erstaunliche Begegnungen mit spirituellen Meistern, die mir halfen, diese Prinzipien mit meinem Verstand zu begreifen. Andererseits führte ich zumindest dem äußeren Schein nach ein ziemlich normales Leben: Ich ging einem Beruf nach, wohnte in einem Vorort, hatte zwei kleine Töchter und mußte mich mit so ziemlich allen Hindernissen herumschlagen, die man sich nur vorstellen kann. Es war, als lebte ich in zwei verschiedenen Realitäten: meinem inneren spirituellen Leben und dem äußeren Leben in der materiellen Welt.

Zwei Schranken in meinem Denken hinderten mich daran, ein erfüllteres, harmonischeres, ausgeglicheneres Leben zu führen. Erstens war mir, obwohl meine Meister es mir gesagt hatten, nicht ganz klar, daß man die spirituellen Prinzipien in allen Bereichen seines Lebens *verwirklichen* muß und sie nicht einfach nur verstehen und verstandesmäßig akzeptieren darf. Zweitens fand ich keinen Weg, meine banale äußere Welt mit meinen Wahrnehmungen und Erwartungen von den geheimnisvollen inneren Regionen in Einklang zu bringen, die ich manchmal mit meinen spirituellen Lehrern erlebte. Mußte ich die materielle Welt völlig aufgeben und mich in die Bergwelt Tibets zurückziehen, um mich ganz dem spirituellen Leben widmen zu können? Würde ich dann Frieden und einen Sinn in meinem Leben finden?

Später gelang es mir, diese Schranken zu überwinden, indem ich mich hartnäckig um die Antworten bemühte. Außerdem standen mir Peddar Zaskq und Azjur Ramini – zwei Meister, die auch den Weg zum GOTTESbewußtsein gegangen waren und sich bereit erklärt hatten, mir auf meinem Weg zu helfen – geduldig zur Seite und leiteten mich. Die Antworten waren und sind überraschend einfach, ebenso wie das Leben der großen spirituellen Meister. Mir wurde klar, daß ich es mir unnötig schwergemacht hatte, und zwar teilweise deshalb, weil ich so viele einengende Vorstellungen von mir gehabt hatte.

Ein ausgewogenes, ein spirituelles Leben zu führen – das bedeutet, einfach zu leben. Dieses Buch ist ein Versuch, meinen Lesern Aspekte zeitloser spiritueller Weisheit zu vermitteln, die man so nutzen kann, wie sie gedacht sind: nämlich im täglichen Leben. Man braucht sich nicht in eine Höhle im Himalaya zu verkriechen, um den Sinn des Lebens zu finden. Man braucht seine Familie oder seinen Besitz nicht aufzugeben, um zu höherer spiritueller Erkenntnis zu gelangen. Man kann auch zu tieferem Frieden und einem harmonischeren Gleichgewicht in seinem Leben finden und dabei gleichzeitig einer beruflichen Karriere nachgehen und eine Familie haben. Man kann sogar Selbst- und GOTTESerkenntnis erlangen und dabei zugleich ein aktives Leben in unserer westlichen Welt führen, wenn man sich dieses Ziel gesetzt hat. Das klingt zu schön, um wahr zu sein? Vielleicht hat dir nur noch niemand gesagt, daß es möglich ist – oder vielleicht hast du einengende Ansichten und Vorstellungen, die dich daran hindern, einen weiteren Horizont zu erreichen. Du, das wahre Du als Seele, hast *jetzt in diesem Augenblick* mehr Macht und Erkenntnis, als dir vielleicht bewußt ist.

Dieses Buch ist kein gelehrter Versuch, die spirituellen Lehren, die im Lauf von Jahrhunderten entstanden sind, aufzuarbeiten. Ich will darin auch nicht auf alle spirituellen Prinzipien eingehen, die von den vielen Hunderten verschiedener Glaubensrichtungen gelehrt werden. Ich möchte lediglich meine Beobachtungen und Erfahrungen schildern und greife dabei auf ganz elementare und doch profunde spirituelle Prinzipien zurück. Einige dieser Prinzipien waren schon bekannt, ehe die Zeit als Maßeinheit für die Bewegung in diesen Welten erschaffen wurde.

Zwar kann man sich theoretisch auch auf einzelne Aspekte des Lebens beschränken und versuchen, darüber zu schreiben. Doch man sollte nicht vergessen, daß alle Dinge in einen großen Zusammenhang eingebettet sind. Eine Wahrheit ist untrennbar mit anderen Wahrheiten verwoben, und alle zusammen bilden das Gefüge unserer spirituellen Realität.

Ich könnte über das Thema eines jeden Kapitels in diesem Buch mühelos Bände füllen; doch wenn man die spirituelle Wahrheit von dem Gewicht unserer geistigen Bilder und unserer emotionalen Bindungen befreit, gibt es eigentlich nicht viel zu sagen. Die Wahrheit, GOTT, IST einfach!

Ich kann meinen Lesern nur versichern, daß die Ereignisse und Prinzipien, von denen dieses Buch handelt, meiner Erfahrung und meinem Erkenntnisstand nach wahr sind. Stelle sie ruhig in Frage. Vielleicht willst du dir das alles selbst beweisen!

Die großen Zusammenhänge

1
Der spirituelle Schritt nach innen

Sie steht allein am offenen Fenster und starrt in die stille Dunkelheit hinaus. Der untergehende Mond erleuchtet dicke Wolken am Horizont, und sie fragt sich, was das wohl für eine innere Kraft ist, die ihr zuflüstert, daß das Leben noch viel mehr umfaßt als alles, was sie bis jetzt kennengelernt hat. Ist es die Stimme GOTTES oder irgendeines unsichtbaren Wächters, der sie zu einer tieferen Wahrheit hinführen möchte? Oder ist es vielleicht gar ihr eigenes inneres Selbst; kann sie es wirklich wagen zu glauben, daß sie etwas von diesen Dingen weiß? Und wenn es ihr gelingen sollte, die Antworten zu finden, wie soll sie mit einem solchen Wissen dann noch in dieser Welt weiterleben? Die heiligen Männer und Frauen leben fern von der Welt der Menschen, die ihr Leben nicht der Erkenntnis der Wahrheit weihen können. «Was haben diese Menschen entdeckt, und warum kann ich es nicht auch finden?» fragt sie sich.

Am anderen Ende des Zimmers beginnt ihr Baby zu schreien, und sie geht hinüber, um es auf den Arm zu nehmen. Sie spürt pulsierendes Leben in ihren Armen, und es reicht tief, als umspanne es Jahrhunderte. Sie weiß, daß es einen Grund und einen Sinn für ihr Leben gibt, der über die äußerlichen Rollen hinausgeht, für die sie sich entschieden hat. Sie denkt über ihre inneren Fragen nach, die bis jetzt unbeantwortet geblieben sind, deren Antworten sie erst noch in den heiligen Schreinen und Tempeln der Menschheit suchen muß. Oder schweigen die Heiligen sich über die wahren Geheimnisse GOTTES aus? Wieder stellt sie sich ans Fenster, das kleine Kind auf dem Arm, und ihre Gedanken jagen über die kosmischen Himmel. «Wie kann ich diese Antworten finden?» fragt sie sich laut.

Das Kind gurrt und lacht leise. Es ist, als wolle es ihr antworten. Dieses Kind weiß nur, was jetzt im Augenblick ist. Es denkt noch nicht über jeden Schatten und jeden Zweifel in seinem Geist nach. Es ist glücklich, weil Glück sein wahres spirituelles Wesen ist. Sie blickt in die tanzenden Augen des Kindes und sagt: «Sicher bist du Ihm im Augenblick näher als ich, aber ich werde Es auch noch erfahren!»

An allen Orten auf unserem Planeten – in Portland, Allahabad, Marseille, Petersburg, Marrakesch, Kuala Lumpur, Perth, Cardiff und New Haven – spielt sich in diesem Augenblick eine ähnliche Szene ab: Eine Seele geht einen weiteren inneren Schritt auf die Erkenntnis Ihres wahren Selbst zu. Das geschieht jeden Tag in jeder Sekunde, so wie es jahrhundertelang geschehen ist und in die ferne Zukunft hinein geschehen wird.

Wir haben jahrtausendelang um einen Weg gerungen, wie wir unser inneres spirituelles Wesen und unser materielles Alltagsleben in ein harmonisches Gleichgewicht bringen können. Die Erkenntnis, daß der Mensch die Möglichkeit haben muß, die spirituellen Lehren, an die er glaubt, in seinem täglichen Leben auch praktisch anzuwenden, hat in allen Religionen stets eine wichtige Rolle gespielt. Doch nicht jeder Mensch hört den gleichen inneren Ruf danach, mehr über sich selbst oder über GOTT erfahren zu wollen. Nicht alle sind so wie du und ich. Bei vielen ist die Stimme leise und zaghaft; die ersten Fragen, die sie stellt, beziehen sich häufig auf den

Grund unserer Existenz. Die große Masse der Menschheit geht in ihrer Suche selten sehr weit, denn das materielle Leben beansprucht ihre ganze Aufmerksamkeit. Deshalb überlassen sie die Suche nach der Wahrheit häufig jenen, die den inneren Drang verspüren, dieser Suche ihr ganzes Leben zu widmen. Sie erwarten, daß diese GOTTESmänner und -frauen ihnen sagen, wie sie zu emotionalem Frieden und materiellem Wohlstand gelangen können – denn ihrer Ansicht nach sind Friede und Wohlstand genau das, was GOTT ihnen zugedacht hat. Sucher, die ihr Leben der Erkenntnis spiritueller Wahrheiten geweiht haben, stellen immer wieder fest, daß die meisten Leute ein festes Schema für ihr Leben brauchen, ein Gefüge spiritueller Verhaltensregeln, selbst auf die Gefahr hin, daß die spirituelle Wahrheit dann zu einem wirkungslosen Dogma verflacht. «Wie sollen wir es nur schaffen, daß die Blinden die Wahrheit GOTTES sehen und die Tauben sie hören?» fragen diese Sucher.

Die Antwort war immer dieselbe: Der Mensch wird selber zu seiner Ebene der spirituellen Erkenntnis emporsteigen; er wird sich ganz natürlich entfalten und für höhere Wahrheiten öffnen. Man kann die Erkenntnis der Wahrheit zwar keinem Menschen aufzwingen, der noch nicht bereit ist, sie zu begreifen, doch hatte die Menschheit schon immer das Bedürfnis nach spiritueller Führung und nach Grundsätzen, nach denen sie leben kann. Deshalb haben die Religionen versucht, ihr GOTTESverständnis auf das tägliche Leben des Menschen anzuwenden. Regeln und Dogmen – diese auf spirituellen Erkenntnissen basierenden Verhaltensmuster – haben auf diesem Planeten in der östlichen wie in der westlichen Welt einen ziemlich hohen Grad an Zivilisation geschaffen. Unsere weitgehend friedliche Lebensweise und die Entfaltungsmöglichkeiten, die wir in freien Gesellschaftssystemen haben, sind unmittelbar aus den spirituellen Lehren der letzten dreitausend Jahre erwachsen. Und doch sind im Namen von Religionen auch Kriege begonnen, Millionen von Menschen unterdrückt, Haß und Vorurteile geschürt worden, und die spirituelle Wahrheit wurde bewußt vorenthalten – alles im Namen GOTTES. GOTT im Himmel schenkt uns spirituelle Wahrheit durch verwirklichte Seelen, und wir verantwortungslose Menschen finden alle möglichen Wege, diese Wahrheit in kleine Stücke zu zersplittern – häufig um unseres eigenen Gewinns willen. Alles in allem haben die Religionen den Seelen auf diesem Planeten jedoch geholfen, denn selbst eine ungefähre Darstellung der Wahrheit ist für die Seele immer noch besser, als wenn Sie gar keinen Blick auf die Wahrheit werfen dürfte.

Wir haben den Worten der Menschen gelauscht, die ihr Leben der Erkenntnis GOTTES weihten; doch irgend etwas schien immer zu fehlen. Was wir vermißten, ist das Element der unmittelbaren Erfahrung. Nachdem wir so lange an die Erklärungen glaubten, die man uns gegeben hat, möchten wir nun aus eigener Anschauung wissen, ob unser Glaube gerechtfertigt war. Wie findet man diesen Beweis? *Wir glauben so lange, bis wir wissen.* Unsere Glaubensvorstellungen gründen auf rationalen Argumenten und gefühlsmäßigem Vertrauen, worin wir meist von unserer Familie, Autoritätspersonen und Institutionen wie Kirche oder Regierung bestärkt werden. Häufig lassen wir uns auch von einem inneren Gespür dafür leiten, was richtig ist – obwohl diese innere Stimme nicht leicht zu erkennen ist und wir daher auch nicht recht wissen, wie wir diesen Glauben in *Wissen* umsetzen sollen. Wie viele Situationen hast du schon erlebt, in denen du nicht genau sagen konntest, woher oder warum du etwas wußtest – du *wußtest* es ganz einfach! So etwas wirst du als Glauben bezeichnen, weil du dich nicht mehr an das Erlebnis erinnerst, das beweisen würde, daß du es *weißt*. Und doch *weißt* du in deinem Inneren viele Wahrheiten. Aber dein Bewußtsein und dein Unbewußtes können das, was du auf einer viel höheren Ebene deines Selbst – im Seelenbewußtsein – bereits weißt, vielleicht noch nicht akzeptieren.

Du magst bisher nicht bewußt darüber nachgedacht haben, doch jetzt stehst du plötzlich vor der Möglichkeit, daß du zu denen gehören könntest, die die Wahrheit GOTTES erkennen möchten. Wenn das so ist, mußt du dich nun aus der Welt der Menschen zurückziehen, um die spirituelle Wahrheit zu entdecken?

Es ist eine weitverbreitete Ansicht, daß spirituelle Menschen ihr ganzes Leben der Betrachtung spiritueller Dinge widmen. Dieser Glaube liegt nahe, denn wir sehen, daß Mönche, Priester, Nonnen, Gurus und Heilige dem äußeren Anschein nach kaum für etwas anderes leben als für das, was in unseren Augen das Werk GOTTES ist. Auf unserer Suche nach der Wahrheit, die ein sehr persönlicher Entwicklungsprozeß ist, kann es Zeiten geben, in denen uns kaum etwas anderes interessiert als unser Weg; aber wir haben uns vielleicht bereits ausgesucht, in dieser Welt zu leben und eine Familie zu gründen. Jetzt befinden wir uns wahrscheinlich im Konflikt. Wenn wir glauben, daß es keinen anderen Weg gibt, die Geheimnisse GOTTES zu ergründen, opfern wir womöglich die äußere Welt des materiellen Besitzes und gönnen uns weder Gefährten noch Familie. Dann ist es kein Wunder, daß so wenige Menschen mehr über GOTT erfahren möchten. Denn unter diesen Bedingungen wäre der Preis, den man dafür zahlen muß, sehr hoch.

Ja, man kann schon einiges dabei gewinnen, wenn man sich aus seiner gewohnten Welt zurückzieht. Man beginnt dann, sich mehr auf die Führung im Inneren zu verlassen als auf die vertrauten Stützen der geistigen und emotionalen Prägung durch das bisherige Leben. Wenn man sich von der Welt der Menschen entfernt, ist das gewiß eine Herausforderung ans Leben, uns sein spirituelles Wesen zu offenbaren. Man kann glauben, daß man sich wirklich vom krassen Materialismus der Gesellschaft entfernt und sich von der Bindung an Dinge löst, die uns unserer Meinung nach behindern. Man hat dann auch die nötige Zeit für sich, um sich im

Wirrwarr der widersprüchlichen Wahrheiten, die einem beigebracht wurden, Klarheit zu verschaffen.

Ich habe Zeiten erlebt – manchmal erstreckten sie sich sogar über den größten Teil eines ganzen Lebens –, in denen ich mich völlig der Erkenntnis GOTTES widmete. Ich kehrte mich von der Welt der Menschen ab und führte gemeinsam mit den wenigen anderen Gefährten, die unserem Meister folgten, ein Leben in Armut. Einsam fasteten wir und meditierten viele, viele Stunden lang. Wir praktizierten die Rituale der damals herrschenden Glaubensrichtungen, und manchmal glaubten wir, GOTT nahe zu sein. Heute kann ich sagen, daß ich GOTT damals überhaupt nicht sehr nahe war. Ich war ebenso weit von IHM entfernt wie von der Gesellschaft der Menschen.

Erst viele Zeiten später, in meinem jetzigen Leben, begann ich das Ganze aus einer anderen, richtigeren Perspektive zu sehen. Obwohl wir sicherlich vieles lernen können, wenn wir uns von der materiellen Welt und ihren Menschen absondern, lernen wir diese Dinge wahrscheinlich viel schneller, indem wir aktiv an der Welt der anderen Seelen und den Entscheidungen des täglichen Lebens teilhaben. Aber das wird natürlich den meisten von uns erst klar, wenn wir auf der Suche nach der Wahrheit eine beträchtliche Zeit für uns, fern von den anderen verbracht haben. Das ist der natürliche Erkenntnisprozeß, der uns zu dieser Wahrheit führt.

Was? Wir brauchen der materiellen Welt gar nicht zu entsagen, um etwas über GOTT zu erfahren? Nein! Können wir in der Gesellschaft leben, eine Familie und einen Beruf haben, die Früchte unserer Arbeit genießen und trotzdem gleichzeitig einen spirituellen Weg beschreiten, der uns zu einem umfassenderen Bewußtsein hinführt? Ja!

Obwohl sich die Menschheit so sehr um einen dauerhaften Frieden bemühte, leben wir in einer Welt der Konflikte. Diese Konflikte sind teils naturgegeben, teils von den Menschen geschaffen. Das liegt an den gegensätzlichen Kräften des GEISTES: positiv und negativ, Yin und Yang, richtig und falsch, hell und dunkel – der Dualität des Lebens. Konflikte zwingen uns zu Entscheidungen, denn wir müssen ja irgendwie auf sie reagieren. Wir müssen eine Entscheidung fällen – selbst wenn sie darin bestehen sollte, uns *nicht* zu entscheiden. Und aus den Entscheidungen, mit denen wir von Augenblick zu Augenblick konfrontiert werden, lernen wir – ob wir nun allein in der Wildnis sind, in einer Verkaufsbesprechung sitzen oder einem geliebten Menschen in die Augen schauen. In der aktiven Welt der menschlichen Gesellschaft gibt es viel mehr Möglichkeiten, Entscheidungen zu treffen, die uns innerlich wachsen lassen, als in der Einöde. *Man kann auf dem spirituellen Weg rascher voranschreiten, wenn man aktiv am Leben teilnimmt.* Der beste Lehrmeister ist die persönliche Erfahrung, und die erwirbt man sich, indem man jeden Augenblick voll lebt und danach strebt, den Sinn aller Aspekte der Wahrheit zu erkennen.

Eines der spirituellen Geheimnisse, die wir früher oder später entdecken werden, lautet, daß man von innen heraus leben sollte, nicht von außen. Die Religionen haben für fast alle Situationen, in die man im Leben geraten kann, Regeln und Verhaltensweisen erdacht, und die Menschen versuchen, sie zu befolgen. Sie leben gewissermaßen «von außen nach innen». Was so viele Religionen uns eigentlich jahrtausendelang beizubringen versucht haben, war folgendes: Wenn man von innen heraus ein spirituelles Leben führt, werden sich unsere spirituellen Tugenden ganz natürlich nach außen hin zeigen. Viele Gruppen bezeichnen deshalb ihre Lehre als eine «Lebensweise». So etwas kann man allerdings nicht lehren; das kann nur jemand verstehen, der es wirklich erkannt hat. Wir können niemandem die Wahrheit vermitteln, und wir können den Erkenntnisprozeß auch nicht beschleunigen. Jeder wird die Wahrheit aus seiner eigenen Erfahrung erkennen, wenn die Zeit dafür reif ist. Und wenn wir sie entdeckt haben, ist es gleichgültig, für welche Lebensweise wir uns entscheiden. Dann ist alles, was wir tun, ein Ausdruck des Friedens und der Stufe der Wahrheit, die wir innerlich kennengelernt haben. Viele Menschen, von denen wir meinen, sie hätten ihr Leben GOTT geweiht, weil sie sich von der materiellen Welt losgesagt haben und dem äußeren Schein nach ein spirituelles Leben führen, leben in Wirklichkeit «von außen nach innen». Sie hoffen verzweifelt darauf, daß sie, wenn sie den äußeren Anschein eines spirituellen Lebens wahren, auch Erkenntnis und inneren Frieden erlangen werden. Vielleicht gelingt ihnen das tatsächlich, aber ich glaube nicht, daß viele damit Erfolg haben werden.

Lebe dein Leben heute. Wenn du willst, gründe eine Familie, und akzeptiere auch deinen Wunsch nach Komfort und Bequemlichkeit. Erkunde möglichst viele Bereiche deines Wesens, die nur andere Menschen dir zeigen können. Trage die Verantwortung für dein Leben und verdiene dir deinen Lebensunterhalt auf ehrlichem Weg. Mit Geduld und Bemühung werden sich dir die spirituellen Wahrheiten mit der Zeit von selbst erschließen. In dieser Welt zu leben bedeutet nicht, daß du dich mit leidenschaftlicher Begeisterung auf alle materiellen Dinge stürzen mußt. Es bedeutet, dein Leben so gut zu führen, wie du es aus deinem jetzigen Wissen heraus kannst. Deine Bindungen werden ganz natürlich von dir abfallen, wenn du dich entschieden hast, was du in deinem Leben erreichen möchtest. Auch dein Karma wird ganz natürlich zum Ausgleich kommen, wenn du dein Leben in jedem Augenblick voll und ganz lebst – und nicht, indem du dir Sorgen darüber machst, was du noch abzutragen hast und was dir noch zusteht.

GOTT und den inneren Frieden zu erfahren bedeutet nicht, daß man sich von der Welt isolieren muß. Es bedeutet vielmehr, daß man lernen soll, «von innen nach außen» zu leben, zu einem harmonischen Gleichgewicht in seinem Leben zu finden.

Du kannst ein Leben des inneren Friedens führen. Du

kannst dein wahres Selbst, die Seele, kennenlernen. Ja, du kannst sogar GOTT unmittelbar erfahren. Das ist die Verheißung der Seele. Und es ist deine Verheißung, die Verheißung und der Sinn deiner Existenz.

2
Vom Ursprung aller Lehren

Womit fing alles an? Was steckt hinter den vielen verschiedenen Versionen spiritueller Lehren? Die Antwort ist einfach und gleichzeitig unglaublich tiefgründig. Wenn der menschliche Geist sie vernimmt, hat er große Mühe, die Information in sich aufzunehmen und die Möglichkeiten daraus zu erkunden.

Wir können uns GOTT als Anfang, Gegenwart und Zukunft vorstellen; doch die spirituelle Wahrheit lautet: *GOTT, die Schaffende Kraft,* IST. Viel mehr kann man über GOTT nicht sagen. In den reinen GOTTwelten gibt es keinen Bezug zur Vergangenheit oder Zukunft, denn der Zeitrahmen ist ein Hilfsmittel der materiellen Welten.

Der menschliche Verstand stellt tausend logische Fragen über GOTT, die wahrscheinlich nie zu seiner Zufriedenheit beantwortet werden. Wer hat GOTT erschaffen? Wenn wir ein Teil GOTTES sind, warum besteht Er dann darauf, daß wir all das durchmachen müssen, nur um Ihn wieder zu entdekken? Und so weiter. Der Verstand besteht auf einer logischen Antwort – obwohl es kaum eine Antwort gibt, auf die zwei logisch denkende, sterbliche Menschen sich ohne weiteres einigen könnten. Die Welten und Methoden GOTTES gehen weit über den menschlichen Verstand hinaus – aber nicht über die Erfahrung der Seele. GOTT ist keine statische Wesenheit oder Macht. *GOTT ist grenzenlos und dehnt sich ständig weiter aus, und deshalb entdecken wir auf unserer Reise ins GOTTESbewußtsein immer wieder etwas Neues.*

Die Seele ist ein Teil GOTTES, denn Sie enthält einen Funken des göttlichen Wesens. Das Schwingungsmuster im Bewußtsein der Seele gehört zum Gefüge der GOTTwelten. *Die Erkenntnisse, die die Seele gewinnt, sind ein Ausdruck der sich immer weiter ausdehnenden GOTTwelten. Während die Seele mehr über Sich Selbst und Ihren Ursprung erfährt, entfaltet sich die vollständige Erfahrung des GOTTESbewußtseins mit jedem Erkenntnisschritt, den Sie tut, immer weiter vor Ihr.*

Bei dem, was wir als den Anfang bezeichnen, reichte die Stimme GOTTES – jene göttliche Kraft, die wir oft den «GEIST» nennen – von den reinen GOTTwelten herab, quer durch die schwarze Region des Nichts, die zwischen den Niedrigeren und den Höheren Welten liegt, und brachte ein Höheres Bewußtsein in die Ätherische Welt. Die innere Ebene der Niedrigeren Welten, die die höchste Bewußtseinsschwingung hat – die ätherische Ebene –, wurde als erster Ort, an dem die Seele Ihre Erfahrungen sammeln konnte, erschaffen. Der GEIST gab der Seele einen Funken der Erkenntnis ein, ein Gefühl für Ihr eigenes Selbst und die Sehnsucht, mehr über GOTT zu erfahren. Vorher hatte die Seele nur die Erfahrung Ihrer Lebensform und wußte nichts vom höheren Reich oder vom Schöpfer. Ihr war nicht bewußt, daß Sie ursprünglich von der Gottheit stammte. Die Seele machte einfach die Erfahrung eines Lebens im ätherischen Überlebensbewußtsein, eingeschlossen in einer körperlichen Gestalt, die aus mentaler Schwingung bestand.

Der GEIST war Ihr erster Lehrer. Über eine lange Strecke jener ersten Bewegungsmaßeinheit hinweg, die wir später als Zeit bezeichneten, erlangten ein paar Seelen schließlich einen höheren Erkenntnisstand und wuchsen in die Geheimnisse der GOTTwelten hinein. Diese wenigen Seelen, denen die Erkenntnis GOTTES zuteil geworden war, kehrten später in die Ätherische Welt zurück, um dort das Werk GOTTES zu verrichten. Das waren die ersten Meister. Ihre Arbeit für GOTT bestand darin, anderen Seelen dabei zu helfen, Sich Selbst vollständig zu erkennen. Dieser Prozeß ging auf allen Bewußtseinsebenen der Niedrigeren Welten – auf der mentalen, kausalen, astralen und physischen Ebene – weiter. Der GEIST drang ins Bewußtsein der Seelen ein, die empfänglich für Ihn waren. Einige dieser Seelen entwickelten sich schließlich zu Meistern, die GOTTESerkenntnis erlangt hatten. Dann kehrten sie auf die Ebene zurück, von der sie gekommen waren, um anderen Seelen zu helfen, einen weiteren spirituellen Schritt vorwärts zu gehen. Der GEIST arbeitet weiter mit diesen Lehrern zusammen. Er wirkt in allen Welten mit allen Lehrern und allen Seelen zusammen.

Man kann kein größeres Werk vollbringen, als einer Seele irgendwie zu helfen, auf Ihrem persönlichen Pfad einen weiteren Schritt vorwärts zu tun. Das ist das mindeste, was wir für GOTT tun können. Alle großen spirituellen Lehrer haben das erkannt.

Die Seelen sind bei Ihrer Erschaffung nicht alle gleich; jedes spirituelle Wesen hat Sein eigenes, unverwechselbares Schwingungsmuster, das Es zu einem einmaligen Geschöpf macht. Doch alle haben die gleichen Möglichkeiten, zu wachsen und Erkenntnisse zu gewinnen, und jede Seele wird letzten Endes zur GOTTESerkenntnis gelangen.

Es wäre falsch, anzunehmen, daß Seelen, die das Leben in anderen Welten erfahren, spirituell weiter fortgeschritten sind als die Seelen auf dieser Erde. Sie lernen auf Ihren eigenen Entdeckungswegen, die weder besser noch schlechter sind als deine. Es gibt nur Unterschiede. Zwar leben auf jeder Ebene Seelen, deren Bewußtsein höher entwickelt ist; doch der großen Mehrheit geht es so wie den meisten Seelen in dieser Welt – Sie befinden sich irgendwo in dem Prozeß, zu entdecken, wer Sie eigentlich sind. Die inneren Ebenen sind kein Paradies der Ruhe oder Glückseligkeit; sie sind vielmehr Übungsplätze, wo die Seele Erfahrungen sammelt, um unterschiedliche Aspekte Ihrer Selbst und GOTTES zu entdekken. Das Glück des spirituellen Wissens findet Sie nur in Ihrem eigenen Bewußtsein und nicht in der Erfahrung irgendeiner inneren Ebene. Häufig arbeitet ein Lehrer oder Meister ganz gezielt mit einer Seele zusammen, um Ihr bei der Selbstentdeckung zu helfen. Dieser Prozeß wird aber von dem einzelnen in Gang gesetzt und nicht vom Lehrer. Bis die Seele tief in Ihrem Inneren das Bedürfnis verspürt, nach dem Sinn Ihrer Existenz und den Geheimnissen GOTTES zu suchen, lernt Sie durch den Kreislauf des Lebens, und zwar indem Sie die Wirkung der Ursache und die Reaktion auf die Aktion ist. Der Sinn dieses Prozesses ist es, Konflikte zu erzeugen und die Seele dazu zu bringen, immer wieder neue Entscheidungen zu treffen. Die Seele konnte schon immer selbst entscheiden, auf welche Dinge Sie Sich einlassen will und auf welche nicht; doch lange, lange Zeit erkennt Sie das nicht.

Wir lernen aus den Lebensabläufen von Geburt und Tod, in Körpern in dieser Welt und in anderen Welten; wir lernen aus den Entscheidungen, mit denen wir ständig konfrontiert werden. Sobald dann die Seele ein tieferes Selbst und einen tieferen Sinn spürt und um Hilfe bittet, dringt der Lehrer in Ihr Bewußtsein ein. Der Erkenntnisprozeß läuft ganz allmählich ab; jede Seele erfährt dabei die Wahrheit auf der Ebene, die Ihr in Ihrem Stadium der Rückkehr zu GOTT gerade zugänglich ist. Sobald die Seele erkannt hat, daß Sie in Wirklichkeit viel mehr ist als nur der Körper, der Verstand und die Emotionen, als alles, was Sie benutzt, um Erfahrungen zu sammeln, begibt Sie Sich auf einen bewußten, persönlichen spirituellen Weg. Dieser Weg wird sich über viele Existenzen erstrecken und über alle Ihre Körperformen hinaus bis zur Entdeckung GOTTES SELBST reichen. Das ist das Ziel des Lebens und der Sinn der Existenz der Seele.

Jeder spirituelle Lehrer, der GOTT erfahren hat, lehrt heute die gleiche ursprüngliche Wahrheit, die Er schon immer gelehrt hat. Diese Wahrheit lautet einfach, daß *GOTT IST; jede Seele ist ein Teil GOTTES und kann mehr über Ihr wahres Selbst erfahren und schließlich zur Erkenntnis GOTTES SELBST gelangen.* Jeder von uns wird dieses Ziel in der ihm angemessenen Geschwindigkeit und mit seiner eigenen Methode erreichen. Das ist die Verheißung der Seele. Diese Wahrheit ist der Menschheit nie vorenthalten worden; aber ihr Konzept wurde häufig abgewandelt oder verändert, um dem geistigen Fassungsvermögen und den Bedürfnissen der Menschen zu bestimmten Zeiten entgegenzukommen. Durch die unterschiedlichen Auslegungen und Umsetzungen dieser spirituellen Kernwahrheit sind die vielen verschiedenen Glaubensrichtungen und Varianten der Grundreligionen entstanden. Die Religionen des Menschen beruhen also auf den unterschiedlichen Interpretationen dieser einen Wahrheit und auf seiner Suche nach einem Weg, diese Wahrheit in sein tägliches Leben zu integrieren.

Wer kann sagen, welche Religion das richtige und welche das falsche Verständnis dieser Wahrheit darstellt? Du entscheidest selbst, welche Auslegung für dein Leben zutrifft. *Es gibt kein richtiges und kein falsches Verständnis, denn keine der verschiedenen Sichtweisen ist die Wahrheit selbst.* Die Wahrheit reicht weit über jede Betrachtungsweise hinaus – so wie wir eine Leiter nur benutzen, um aufs Dach zu gelangen. Sind wir oben, preisen wir die Leiter nicht länger, weil wir jetzt unser Ziel erreicht haben.

Manche Menschen haben in ihrer Religion oder Lehre das gefunden, was sie als vollkommenen Glauben und vollkommene Freude bezeichnen. Sie sind zufrieden und überzeugt davon, daß ihr Weg sie zu GOTT führen wird. Das ist ihre Erfahrung, und man muß sie respektieren. Wie können wir die Erfahrung einer anderen Seele anzweifeln? Kann irgendein Mensch einem anderen seine Erkenntnis beweisen? Jede

Seele ist etwas Einmaliges, obwohl viele Seelen Sich auf ziemlich ausgetretenen Pfaden zur Entdeckung Ihrer Selbst bewegen.

Oft hängen wir einer Religion oder Lehre an, weil sie schon seit unserer Geburt zu unserem Leben gehört. Unsere Familie und Freunde und vielleicht auch die Gesellschaft unterstützen diesen Glauben, der uns von Kind an beigebracht wurde. Es kommt häufig vor, daß Leute einen Glauben akzeptieren und vorbehaltlos an seine Lehren glauben; doch wenn man mit ihnen über die Glaubensinhalte diskutiert, stellen sie fest, daß sie eigentlich gar nicht wissen, warum sie daran glauben. Es war einfach bequem für sie zu akzeptieren, was man ihnen gesagt hatte, ohne es persönlich in Frage zu stellen. Wenn Familie, Kollegen, Freunde und zum Teil auch die Gesellschaft hinter einem Glauben stehen, hält unser Verstand ihn leicht für seinen eigenen.

Andere Seelen wiederum haben das Gefühl, daß bei den organisierten Glaubensgemeinschaften irgend etwas fehlt. Es ist, als dränge eine innere Stimme Sie dazu, die so schwer erfaßbaren Geheimnisse GOTTES zu ergründen. Viele Seelen zweifeln an Ihrem Glauben und stellen ihn eines Tages vielleicht sogar in Frage. Die Wahrheit über ihre Existenz und den Sinn ihres Lebens zu entdecken, empfinden viele als einen langsamen und mühseligen Prozeß. Deshalb neigen sie dazu, es immer wieder aufzuschieben, bis sich irgendwann eine bessere Gelegenheit dafür bietet. Wenn die offizielle Religion uns nicht völlig befriedigen kann und der Prozeß der persönlichen Suche uns zu schwierig erscheint, gibt es zwei Möglichkeiten: Wir akzeptieren unsere Religion wenigstens teilweise und gehören ihr weiterhin an, oder wir sagen uns von ihr los und haben unsere eigenen Ansichten über GOTT und den Sinn dieses Lebens.

Ruhelose Seelen, die sich nach einer tieferen Wahrheit sehnen, setzen Ihre Suche allein fort. Auf dieser Suche werden Sie noch viele weitere östliche und westliche Religionen durchlaufen und Sich wahrscheinlich auch irgendwann einmal mit metaphysischen Lehren beschäftigen.

Wir können zwar mit dem Verstand begreifen, daß die Seele ein Teil GOTTES ist und eines Tages zu IHM zurückkehren wird, und auch emotional können wir die Wärme und das Glück dieses Wissens empfinden; doch die tatsächliche Erfahrung geht über Verstand und Emotionen hinaus. Die verschiedenen religiösen, philosophischen, metaphysischen und spirituellen Wege zum Verständnis Gottes können uns durchaus eine große Hilfe sein; aber *kennenlernen* kann die Seele GOTT nur auf Ihrem ganz persönlichen Weg. Das kann uns keine Glaubensgemeinschaft und keine Lehre abnehmen. Auch ein Lehrer kann uns GOTT nicht vermitteln; Er kann uns nur dabei helfen, die Wege GOTTES zu entdecken.

Wie können wir die Wege GOTTES in ein paar Worten zusammenfassen? Wir können es nicht; es ist unmöglich. Worte sind nur oberflächliche Abbilder unserer inneren Erkenntnisse. Mit Begriffen können wir zwar verschiedene Aspekte voneinander trennen; man sollte jedoch nie vergessen, daß alles in einen großen Zusammenhang eingebettet ist. Unsere Erkenntnis eines Aspekts wird uns automatisch zur Erkenntnis des nächsten führen – vorausgesetzt, daß wir uns dieser Verbindung bewußt sind.

Die Herausforderung besteht darin, seine spirituelle Wahrheit zu *leben*. Sie geistig vor sich zu sehen, dürfte nicht schwierig sein, denn Einsicht bedeutet, daß man die Wahrheit ganz verstanden hat und daher auch ausdrücken kann. Doch häufig stellen wir fest, daß das, was wir für Einsicht hielten, in Wirklichkeit nur Informationen waren, die uns jemand anders gegeben hat und die wir als Wahrheit akzeptierten. Wir haben sie uns nicht persönlich bewiesen. Es ist so ähnlich wie mit allen Informationen, die wir bekommen – solange wir sie nicht auf irgendeine Situation in unserem Leben anwenden können, bleibt uns nichts anderes übrig, als sie im Gedächtnis zu speichern. Häufig verwechseln wir diese gespeicherte Information mit *Wissen.* Dabei wissen wir noch gar nicht, wie wir diese Information in unserem Leben einsetzen sollen.

Das hat mir Peddar Zaskq erklärt. Was wir brauchen, ist Wissen, hat Er mir gesagt. Wissen ist die Kombination von Information und Erfahrung. Wenn wir Informationen aufnehmen, die wir mit unserer persönlichen Erfahrung kombinieren können, dann erlangen wir ein viel tieferes Verständnis, ein Wissen, das wir vorher nicht hatten. Die Erfahrung für sich allein ist ebenso nutzlos wie die bloße Information.

Ich sehnte mich auf meiner Suche häufig nach Antworten. Antworten kann uns aber niemand geben, sondern nur Informationen. Was wir als Antwort empfinden, ist in Wirklichkeit ein innerer Prozeß: die Kombination der neuen Information mit unserer eigenen, unverwechselbaren Erfahrung, die uns Wissen gibt bzw. die Antwort. Wir finden die Antworten nur in unserem Inneren, obwohl die Informationen uns in unserer Umgebung jederzeit zur Verfügung stehen. Manche von euch meinen vielleicht, das seien nur etwas anders angeordnete Worte, die nichts Neues verraten; doch ich kann euch sagen, daß diese Worte und Konzepte uns so lange einschränken, bis wir wissen, was wir eigentlich suchen. Meine Lehrer haben mir keine neue Bedeutung altbekannter Worte enthüllt; vielmehr haben Sie mir die Grenzen meiner eigenen Ansichten und Vorstellungen klargemacht.

Wir werden feststellen, daß wir uns jeden Schritt des Weges selbst beweisen müssen. Denn zu leicht akzeptieren wir, was uns von anderen gesagt wurde, als Wahrheit. Wenn ich mit Meistern arbeitete, die zur GOTTESerkenntnis gelangt waren, durfte ich Ihre Worte nie als absolute Wahrheit ansehen. Sie erklärten mir, diese Worte seien nur Ihre Erfahrung, und ich müsse meine eigene finden. Sie sagten, Sie könnten mir nur als Führer dienen, aber die Erfahrungen müßte ich selber machen. Oft forderten Sie mich heraus – mit Worten oder indem Sie etwas taten, was Ihren Worten widersprach.

Was war nun die Wahrheit? Das mußte *ich* entscheiden. Wie sollte ich es sonst wissen? Bei dem Wissen, das ich mir selbst beweise, bin ich von keinem anderen Menschen abhängig. Ich muß mich nie fragen, ob diese Erfahrung auch wirklich real ist. Ich *kenne* meine Realität, meine Wahrheit. Das ist der Weg zu GOTT.

3
Das innere Selbst

Das innere Selbst ist eine göttliche Lebenskraft, ein Funke der GOTTESenergie, der uns alle auf ewig an den Schöpfer bindet. Dieses nichtphysische Selbst ist auf subtile Weise spürbar, wenn auch nicht für jeden. Manche jedoch *wissen,* daß dieses Selbst weit über unsere vergängliche Welt hinausgeht, unseren gebrechlichen Körper, das Herzzentrum, das wir als Emotionen bezeichnen, und über die Schwingungsströme unseres Verstandes hinaus.

Die höchste Wahrheit dieses innersten Selbst haben die Hohenpriester jahrtausendelang als mystisches Geheimnis gehütet, weil sie glaubten, der Mensch könne die überwältigende Erkenntnis seines eigenen Seins nicht verkraften. Lehrer haben jeweils Teile dieser Wahrheit gelehrt, und in Ihren Lehren hat das Selbst unterschiedliche Namen erhalten: Seele, Tuza, Atman, Höheres Selbst, ja sogar Geist. Wir haben uns immer gefragt, was Es eigentlich ist, woher Es Sein Wissen bezieht, woher Es kommt und wie man mit Ihm in Verbindung tritt.

Die Religionen lehren uns voller Zuversicht, Es sei jener Teil von uns, der den Tod überlebt und zu einem höheren Ort der Ewigkeit geht, aber sie sagen uns nicht direkt, wie dieser göttliche Funke ursprünglich in den Menschen eingetreten ist. Kann es sein, daß sie keine Ahnung davon haben? Warum *wissen* wir nicht wirklich, wer wir sind, wie wir in diesen Körper gekommen sind und wohin das Leben entweicht, wenn der Körper stirbt? Sollen wir uns damit zufriedengeben, daß das ein Wunder GOTTES ist, dessen Kenntnis nicht für uns bestimmt ist?

In der letzten Zeit hat es wieder hitzige Diskussionen darüber gegeben, wann das Leben eigentlich beginnt – ob eine Frau selbst über ihren Körper bestimmen darf oder ob es Mord ist, wenn sie ein ungeborenes Kind abtreibt. Die Richter des höchsten amerikanischen Gerichtshofs überlassen diese Entscheidung größtenteils lokalen Politikern, die sich von Angst und dem Streben nach Macht und der Gunst der Menge leiten lassen. Wo bleibt die Gerechtigkeit, wenn andere darüber entscheiden dürfen, was mit unserem Körper und unserem Leben geschieht? Wo bleibt da die Entscheidungsfreiheit?

Die Lösung des Problems besteht darin zu *wissen,* wann das Leben beginnt – wann dieser göttliche Funke in die physische, emotionale und geistige Hülle eintritt, die es Ihm ermöglicht, in dieser Welt Erfahrungen zu sammeln. Wie viele Menschen wenden sich nach innen, um nach ihrem Anfang zu forschen? Es ist doch viel einfacher, andere für sich denken und Antworten finden zu lassen, sich der Macht und der Tradition des religiösen Denkens zu beugen, das uns unsere emotionalen und geistigen Bilder vom Willen GOTTES vermittelt und uns gelehrt hat, was richtig und falsch ist und wie man von einem Sabbat zum nächsten zu leben hat. Es ist viel leichter, sein Leben vorgezeichnet zu bekommen, viel sicherer, keine Fragen zu stellen, nichts zu wissen. Oder doch nicht?

Anscheinend ruht in manchen von uns eine verschwommene Erinnerung, die irgendwann einmal erwacht und kaum spürbar an uns zieht, wenn unser Geist ruhig und gelassen ist. Eine innere Stimme, ein leises inneres Gefühl sagt: «Ich kann erfahren – ich *muß* erfahren, was jenseits all dieser Dinge liegt.» Das heißt nicht, daß unser Leben so traurig ist und wir nach einem Ausweg daraus suchen – im Gegenteil: Oft spüren wir die Stimme des Selbst, wenn unser Leben materiell und emotional ausgefüllt und glücklich ist und uns auf einmal klar wird, daß wir in Wirklichkeit noch mehr sind als all das. Wir verdienen mehr als nur materiellen Besitz, uns ist mehr bestimmt als nur die Wärme der emotionalen Liebe, mehr als das, was wir mit der Logik unseres Verstandes akzeptieren können. Wir verdienen es, unser wahres Selbst kennenzulernen und durch den Schleier des Lebens auf diesem Planeten hindurchzublicken. Hier beginnt der Weg zur *Erkenntnis* deines Selbst; plötzlich ist eine Stimme da, ein Wille, der sich nicht mehr mit weniger zufriedengibt. Er will es *wissen*.

Schon die frühesten Lehren befaßten sich mit der Erforschung des eigenen Selbst. Sie sagten, daß der Mensch ein spirituelles Wesen in der Form lebenden Fleisches sei. *Der physische Mann und die physische Frau sind in Wirklichkeit spirituelle Wesen.* Wenn GOTT die Welten um uns herum geschaffen hat, dann müssen auch wir ein Teil GOTTES sein; das ist nicht schwer zu begreifen. Eine tiefere Wahrheit lautet, daß unser inneres Selbst aus reiner göttlicher Energie besteht, dem eigentlichen Wesen GOTTES. Wir können unser Selbst tatsächlich persönlich erfahren. Dieser Prozeß wird häufig als Selbstverwirklichung bezeichnet. Dein wahres Selbst kennenzulernen ist nicht nur eine emotionale und rationale Erkenntnis, sondern es bedeutet, daß du dir deines *wahren* Ichs – der Seele – bewußt wirst.

Du erwachst zu dem Selbst, das du in Wirklichkeit bist. Du beginnst diesen Erkenntnisprozeß mit dem Verstand, indem du Informationen sammelst. Dann erforschst du die inneren Bereiche in dir, die nur du besitzt und an denen doch alle GOTTwelten teilhaben. Vielleicht wirst du erstaunt sein, festzustellen, daß es sehr viele höhere Informationen oder spirituelle Grundwahrheiten gibt, die nur ein paar erleuchtete Meister lehren. Daneben gibt es viele bruchstückhafte und verzerrte Wahrheiten, die von vielen Tausenden wohlmeinender Menschen gelehrt werden. Was sie lehren, haben sie nicht direkt erfahren. Sie wiederholen nur das, was ihnen gesagt wurde und was sie mit ihrer Vernunft für wahr halten. Diese Menschen *wissen* nicht wirklich. In dieser Hinsicht scheint die Zeit stillgestanden zu haben – denn so war es schon immer. Es ist eine große Herausforderung für uns, den Wert dessen zu erkennen, was wir vor uns haben, und festzustellen, daß man die Wahrheit nur persönlich kennenlernen kann.

Man macht sich im wesentlichen zwei Bilder von sich selbst. Das erste Bild entspricht dem, was man äußerlich von sich sieht – also den physischen Körper, den man im Spiegel sieht. Der zweite Aspekt ist das innere Bild, das man von sich hat – die Art, wie man sich nach außen projiziert, das Bild, das andere Menschen unserer Meinung nach von uns haben, und das emotionale Gefühl und geistige Gleichgewicht, das man innerlich für sein ganzes Selbst hält.

Der physische Körper ist ein sehr mächtiges Bild, weil er sich dem Verstand von Geburt an als wichtigster Aspekt eines jeden Menschen einprägt, dem man begegnet. Deshalb stellt der Körper zunächst unser wichtigstes Bild von uns dar.

Je älter und reifer man im Leben wird, um so besser lernt man seine Emotionen kennen und merkt, daß sie ein sehr wichtiger Teil von einem sind. Uns wird auch klar, daß unser Geist nicht nur die Szenen unseres Lebens speichert, sondern auch Informationen ordnet und zwischen allen Teilen von uns Brücken schlägt, damit wir das Gefühl erhalten, etwas Ganzes zu sein. Es ist leicht zu verfolgen, wie wir uns zuerst eine Zeitlang mit unserem Körper identifizieren und später die Gedanken und Empfindungen über uns für unser Ich halten. Die Gedanken und Empfindungen basieren aber auf dem, was wir anderen Menschen ihrer Aussage nach bedeuten. Unser anfängliches Selbstgefühl entsteht also aus dem, was wir in anderen Menschen reflektiert finden.

Dann entdecken wir, wie mächtig unser Verstand ist. Wie schon der jahrhundertealte Spruch «Ich denke, also bin ich» zeigt, kann der menschliche Verstand leicht zum Zentrum unseres Selbst werden, wenn wir ihn dafür halten. Die Wissenschaft behauptet häufig, wir seien anders und höher entwickelt als andere Tiere, weil wir einen Verstand und die Fähigkeit des logischen Denkens besitzen. Ist dieser Verstand unser wahres Selbst? Nein.

Du bist ein Funke des Lebens – das Selbst, die Seele. Manche nennen diesen Funken das «Höhere Selbst» und versuchen herauszufinden, wie man mit ihm in Verbindung treten kann. Dieses Denken zeigt, wie weit der menschliche Verstand von der Erkenntnis des wahren Selbst entfernt ist. Die Idee, mit deinem Höheren Selbst in Verbindung treten zu wollen, würde ja bedeuten, daß dieses Selbst außerhalb deiner unmittelbaren Reichweite liegt; und wenn du so denkst, wie du von Kindheit an geprägt worden bist – nämlich von außen nach innen –, entgeht dir zwangsläufig eine sensationelle Tatsache: daß du das Höhere Selbst *bist*. Du bist Seele! Dein wahres Ich ist dieser Teil GOTTES, die göttliche Energie, das geheimnisvolle Bild, das sich allmählich offenbart, die Lebensform, die seit Ewigkeiten besteht und auch dann weiterexistieren wird, wenn die Welt längst untergegangen ist. Dein wahres Ich ist Seele; deinen Verstand benutzt du nur, um Informationen zu verarbeiten, deine Emotionen setzt du ein, um die Fragen in deinem Inneren zu spüren und ihnen nachzugehen, und dein physischer Körper ermöglicht es dir, äußere Erfahrungen mit anderen Seelen in dieser Welt zu machen. Mit anderen Worten: Du benutzt deinen Verstand, deine Emotionen und deinen Körper als Werkzeuge, um Erfahrungen zu sammeln. Sie gehören dir und sind dafür bestimmt, daß du sie benutzt.

Es ist richtig, sich die Seele als Energie vorzustellen, denn mit diesem geistigen Konzept kommen wir Ihr am nächsten. Sie ist eine Lebenskraft, die nicht denkt, sondern *weiß;* man kann Sie mit seinen Emotionen und seinem Verstand spüren; und man kann Sie mit dem inneren geistigen Blick sogar sehen. Die Seele ist ewig.

Manchen Lehren zufolge soll die Seele Ihren Sitz im physischen Körper in der Nähe des Herzzentrums oder der Emotionen haben, an einer Stelle, die etwa fünf bis sechs Zentimeter von der Brustmitte entfernt ist. Diese Lehren halten die Seele für die Kraft, die im Zentrum des Astralkörpers sitzt; sie verwechseln die Energie der Seele mit den Emotionen. In Wirklichkeit befindet sich die Seele fünf oder sechs Zentimeter hinter der Nasenwurzel, zwischen den Augenbrauen an einer Stelle, die auch als spirituelles Auge, Tisra til oder Drittes Auge bezeichnet wird. Sie tritt im allgemeinen zum Zeitpunkt der physischen Geburt in den Körper des Kindes ein – manchmal auch schon ein paar Wochen vor oder erst ein paar Stunden nach der Geburt. Bei der Geburt meiner zwei Töchter war ich Zeuge, wie die Seele in den Körper einkehrte. Mit jeder hatte ich schon vor ihrer Geburt im Seelenbewußtsein in Verbindung gestanden, und wir hatten darüber gesprochen, welche Ereignisse ihnen in ihrem künftigen Leben vermutlich begegnen würden.

Die Seele ist hoch geladenes Bewußtsein mit sehr hoher Schwingungsfrequenz – viel zu hoch, um in dieser grobstofflichen Welt ungeschützt existieren zu können. Sie ist von einem dünnen Bewußtseinsbündel oder -band umgeben, das man als «ätherischen Körper» bezeichnet, und steht mit ihm in Verbindung. Dieser ätherische Körper ist wiederum von der niedrigeren Schwingungsfrequenz des Mentalbewußtseins umgeben. Rund um den mentalen Körper befindet sich der Kausalkörper, der vom Astralbewußtsein umgeben und geschützt ist. All diese Bewußtseinsbereiche befinden sich, für das menschliche Auge unsichtbar, in der Gegend des Dritten Auges im Kopf des menschlichen Körpers.

Alle Bewußtseinsbereiche stehen miteinander in Verbindung, auch wenn wir sie hier als voneinander getrennt darstellen. Jede hat ihre speziellen Eigenschaften, mit denen sie die anderen beschützt und ihnen hilft. Jede dieser Bewußtseinsbandbreiten befindet sich in harmonischem Einklang mit dem Gesamtbewußtsein. So wie Licht, Temperatur und Klang gemeinsam miteinander in einem Raum existieren, sind auch die Bewußtseinsbandbreiten voneinander gesondert und wirken doch zusammen.

Die Seele ist dein wahres Ich. Der ätherische, mentale, kausale, astrale und physische Körper sind nur Werkzeuge, die die Seele benutzt, um in den GOTTwelten Erfahrungen zu erlangen.

Lange Zeit lassen wir uns von der Macht unseres Verstandes blenden. Ich bin in dieser Hinsicht sehr zurückhaltend und schreibe und lehre nicht viel über das mentale Bewußtsein, denn ich möchte es auf keinen Fall zu sehr in den Vordergrund rücken. Viele Bücher, Lehrer und Methoden sind nicht imstande, etwas jenseits des Verstandes zu *wissen,* und daher ist ihre Wirkung sehr begrenzt. Oft nehme ich ein Buch in die Hand, und die erdrückende Verstandesbetontheit in den Ausführungen springt mir sofort ins Auge. Wo bleibt die Essenz der Seele in einer solchen Lehre? Wo ist der lebendige Funke GOTTES in diesem Buch? Hast du so etwas auch schon erkannt oder empfunden?

Und doch ist der Verstand unser mächtigster Freund auf unserer Reise durch die Welten der Erfahrung. Wir tun gut daran, den Zweck und die Methoden dieses unglaublichen Werkzeugs zu akzeptieren. Wir sollten hier zu einem ausgewogenen Gleichgewicht finden, d. h. wir müssen unseren Verstand kennen und dürfen uns doch nicht zu dem Glauben verleiten lassen, unser Selbst bestünde einzig und allein aus diesem Verstand.

Das ätherische Bewußtsein wird häufig mit unserem Unbewußten verglichen, und das stimmt im Grunde. Das was wir als unseren Verstand, unseren Geist bezeichnen, umfaßt die mentale und die ätherische Bandbreite, doch darf man das nicht mit dem physischen Organ verwechseln, das wir «Gehirn» nennen. Unser Geist oder unser mentales Bewußtsein ist der Funke, der in harmonischem Einklang mit den elektrischen Impulsen unseres physischen Gehirns zusammenarbeitet und es teilweise zur Verarbeitung von Informationen benutzt.

Während der Fötus im Mutterleib entsteht, entwickelt sich auch das physische Gehirn. Doch erst wenn die Seele in den Körper eintritt, bringt Sie die Energie mit, die wir als mentales Bewußtsein bezeichnen. Dieses Bewußtsein ist zu diesem Zeitpunkt im allgemeinen noch reine Energie – das heißt, es enthält noch so gut wie keine Konzepte und Symbole. Doch schon ein paar Sekunden nach der physischen Geburt und dem Beginn des Lebens auf der Erde fängt das Mentalbewußtsein an, die neuen Erfahrungen um sich herum aufzunehmen. Das mentale Bewußtsein ist so etwas wie ein fortlaufender Prozeß, der die Seele während Ihrer ganzen Reise durch die Welten GOTTES begleitet und abschirmt. Zwar werden auf mentaler Ebene auch teilweise die Erinnerungen an all unsere bisherigen mentalen Erfahrungen aufbewahrt, doch nehmen wir diese Erinnerung in keines unserer Leben mit hinein. So können wir jedesmal neu anfangen und haben bessere Möglichkeiten zum inneren Wachstum. Die Haupterinnerungen werden im Kausalbewußtsein gespeichert.

Es gibt einen elementaren Aspekt des Mentalbewußtseins, der vom Beginn eines physischen Lebens an vorhanden ist. Diesen Aspekt bezeichnen wir gewöhnlich als das Ich oder Ego. Ursprünglich diente es dem Überleben. Heute besteht sein Zweck hauptsächlich darin, das Denkschema zu erschaffen, das uns einredet, der Verstand sei unser wahres Selbst. Deshalb identifizieren wir uns so sehr mit unserem Verstand, daß wir letzten Endes glauben, unser Höheres Selbst liege außerhalb und sei für uns unerreichbar.

Wenn ein Kind dann aufwächst, wird sein Geist von den Einflüssen in seiner Umgebung geprägt. Was seine Eltern oder andere Menschen, die es lieben und für sein emotionales und geistiges Wohl sorgen, ihm beibringen, akzeptiert es unbesehen, denn es hält diese Personen für eine Quelle richtiger Informationen. Je nach dem spirituellen Entwicklungsstadium der Seele (also auch Ihrer Fähigkeit, den Verstand zu beeinflussen) kann der Verstand die Eindrücke, die er von der Seele erhält, akzeptieren oder auch nicht. Er entscheidet, was er glaubt und was nicht, und errichtet für alles, was er weiß, Wahrheitsschemata und Existenzstrukturen. Wenn diese Schemata und Strukturen im großen und ganzen stimmen und uns unterstützen, haben wir wenig Probleme. Doch wenn sie uns einengen und von dem abhalten, was wir als Seele sein möchten, dann müssen wir sie ändern.

Der Verstand filtert alles, womit du konfrontiert wirst – zum Beispiel auch diese Worte, die du im Augenblick liest. Durch diesen Filterungsprozeß des Geistes wird die Seele zwangsläufig eingeengt. Auch in Ihren Möglichkeiten, den Geist zu beeinflussen, ist die Seele eingeschränkt, wenn das mentale Bewußtsein nicht aufnahmebereit für die Seele ist.

Was der Geist nicht als Teil von sich oder seiner Welt kennt, das will er auch nicht akzeptieren. Da die Schwingungsfrequenz der Seele viel höher ist als die des Verstandes, kann er das wahre Wesen der Seele nicht erfassen. Schließlich schafft er sich ein Bild von der Seele, so wie sie seiner Meinung nach ist – und er stuft sie fast immer nur als sekundäre Wissensquelle ein.

Im Lauf der vielen Existenzen, in denen die Seele Erkenntnisse und Macht erlangt, lernt Sie allmählich auch, wie Sie stärkere Eindrücke im Mentalbewußtsein hinterlassen kann. Das sind Eindrücke, die der Geist nicht mehr länger ignorieren kann. Manche bezeichnen sie als die «Stimme des Gewissens». Das ist die Seele, die leise und allmählich bis zu unseren mentalen Denkmustern vordringt.

Wenn du ein Traumerlebnis hattest und es nicht im Gedächtnis behalten kannst, liegt das daran, daß dein Verstand dieses Erlebnis nicht als das akzeptieren will, was es wirklich ist. Vielleicht löscht er die Erinnerung an die Traumerfahrung wieder aus oder überlagert sie durch andere Bilder, um dieses Erlebnis zu rationalisieren und in eine Form zu bringen, die er als Teil seiner selbst erkennen kann. Wenn man das Schwingungsbewußtsein des Verstandes durch Kontemplationsübungen erhöht, wird es einem eher gelingen, solche Erfahrungen im Gedächtnis zu behalten, denn dann wird der Verstand die ähnlichen Schwingungsmuster der Seele als etwas ihm Verwandtes erkennen und nicht mehr als Bedrohung empfinden. Durch Erhöhung der Schwingungsfrequenz des Verstandes wird man leichter in den Genuß des Seelenwissens kommen, denn der Geist wird sich nun durch die Seele nicht mehr so bedroht fühlen. Du wirst eher das Gefühl haben zu *wissen*; und du wirst deine Richtung und dein Ziel klarer erkennen, denn jetzt steht dein wahres Ich, die Seele, mit deinem Verstand in Verbindung.

Dieser Verstand ist hier auf der Erde ein wunderbares Werkzeug für uns; er kann uns auf unserem spirituellen Weg weiterhelfen. Wir brauchen nur einige Schemata und Strukturen unseres Geistes, die uns einschränken, zu verändern. Wir definieren und gestalten die Konzepte, die diesen Strukturen zugrunde liegen, neu, so daß unser Verstand die höheren Wahrheiten der Seele akzeptieren kann.

Mache einmal folgende Übung. Jedesmal, wenn du in den Spiegel blickst, sieh dir direkt in die Augen und sage laut: «Ich bin Seele!» Schau intensiv in deine Augen hinein und wiederhole diesen Satz mehrere Male. Und wenn du dich dann wieder von deinem äußeren Spiegelbild entfernt hast, sieh dich von innen – das Bild von dir, das du innerlich hast – und sage die gleichen Worte: «Ich bin Seele!» Dein wahres Ich ist Seele.

Im Kausalbewußtsein sind die Erfahrungen aufgezeichnet,

die die Seele während Ihrer gesamten Existenz gesammelt hat. Indem wir uns Zugang zu diesem Bewußtsein verschaffen, können wir unsere früheren Leben wiederentdecken. Das Kausalbewußtsein macht sich die Speicherfunktion unseres physischen Gehirns zunutze, obwohl das menschliche Gehirn in seinem jetzigen Entwicklungsstadium noch nicht alle Daten umfassen kann, die das Kausalbewußtsein enthält. Haben wir zu vergangenen Leben Zugang gefunden, werden uns im allgemeinen nur kleine Segmente davon bewußt – vielleicht jedesmal nur ein paar Dutzend Existenzen. Dabei verdichtet sich jedes dieser Leben zu ein paar besonders hervorstechenden Bildern. Das liegt an der begrenzten Aufnahmefähigkeit des Mentalbewußtseins und an der begrenzten Arbeitsweise unseres physischen Gehirns. Außerdem muß das mentale Bewußtsein diese Information auch akzeptieren, sonst läßt es sie nicht ins Gewahrsein dringen. Haben wir unser Mentalbewußtsein durch Kontemplationstechniken so weit gebracht, daß es die Realität und die Erfahrungen des Kausalbewußtseins akzeptiert, können wir uns einen viel größeren Teil unserer Gesamterfahrungen bewußtmachen.

Das emotionale oder astrale Bewußtsein ist vielleicht am schwierigsten im Gleichgewicht zu halten. Wir halten unsere Emotionen zwar für etwas Eigenständiges, doch in Wirklichkeit sind sie eng mit dem Mentalbewußtsein verflochten. Das Gefühl der Angst zum Beispiel beginnt mit der mentalen Wahrnehmung von etwas Unbekanntem, das unser Geist als bedrohlich empfindet.

Das Gefühl des Zorns entspringt aus dem starren mentalen Konzept unseres Ichs, daß unser Verstand niemals unrecht haben kann – wie ist es also möglich, daß jemand anders nicht mit ihm einig ist oder seinen Wünschen nicht nachgibt? Wenn du Zorn in dir aufsteigen fühlst, halte inne und konzentriere dich auf die Gefühle, die du im Augenblick hast. Warum bist du so aufgebracht? Siehst du deine Welt durch irgendeine Veränderung bedroht? Bist du in der Lage, ruhig und selbstsicher jedem Menschen das Recht auf seine eigene Meinung und Ausdrucksmöglichkeit einzuräumen? Oder hast du das Gefühl, andere Menschen unter deine Kontrolle bringen zu müssen, um dich in deiner mentalen Welt sicher zu fühlen? Diese Fragen werden dir helfen, auf die Ursache deines Zorns zu kommen.

Ein Gefühl der Trauer beschleicht dich, wenn dein Verstand bei seinen Wünschen auf Widerstand stößt oder mit Veränderungen in einer Welt konfrontiert wird, die er für intakt und richtig gehalten hatte. Veränderungen treffen unseren Geist sehr, denn er hat sich eine so starre mentale Welt aufgebaut, die keinen Raum für Veränderungen läßt – es sei denn, es handelt sich um Veränderungen, die er selbst geschaffen hat. Als Folge davon sind wir häufig traurig, verwirrt und orientierungslos oder fühlen uns bedroht. Wenn du traurig bist, halte inne, blicke in dich hinein und konzentriere dich auf deine Gefühle. Was macht dich traurig – ist es eine Veränderung oder eine Angst? Was kannst du tun, um deine Wünsche und Bedürfnisse mit den Ereignissen in deiner Umgebung in Einklang zu bringen? Oder wie kannst du diese Ereignisse so verändern, daß sie deinen Wünschen entsprechen? Wenn du nicht das haben kannst, was du dir wünschst, solltest du dir darüber klarwerden, was für Auswirkungen diese Veränderung auf dein Leben hat. Wie stark sollte die Welt oder ein anderer Mensch dich beeinflussen können? Das entscheidest du selbst, denn du bist Seele! Du erschaffst dir deine Außenwelt selbst; sie spiegelt das Bild und die Vision dessen wider, was du als dein wahres Selbst empfindest.

Glücklich oder übermütig sind wir oft dann, wenn unser Geist sich sicher fühlt oder glaubt, daß die Welt hundertprozentig in Ordnung ist – oder wenn unser Ich sich beachtet fühlt. Doch auch die Anregungen, die die Seele uns über das Mentalbewußtsein gibt, können uns ein Glücksgefühl vermitteln. Die Seele ist von Natur aus ein glückliches Wesen. Sie ist niemals traurig oder niedergeschlagen. Es kann durchaus sein, daß Sie Alleinsein *kennt*; aber Sie *fühlt* sich nicht einsam. Wenn unser Verstand dagegen in den Ansichten und Glaubensvorstellungen anderer keine Stütze findet oder wenn er sich durch die Fragen seiner Mitmenschen bedroht fühlt, hat er oft den Eindruck, isoliert zu sein, und das kann sich emotional in einem Gefühl der Einsamkeit niederschlagen. Zunächst einmal mußt du erkennen, wo die Ursache deiner Einsamkeit liegt; das ist der erste Schritt zu ihrer Überwindung. Als nächstes mußt du einem anderen Wesen bedingungslos etwas von dir schenken. Das kann sogar ein Tier sein – du brauchst deine Liebe zu dir selbst und zum ganzen Leben nur mit einem anderen Geschöpf zu teilen. Dann wird diese Liebe zu dir zurückkehren und die Einsamkeit ersetzen.

Es kommt vor, daß sich chemische Störungen im Körper auf unsere Emotionen auswirken. Viele Formen der Depression jedoch entstehen durch starken Streß. Der Geist wird mit den Geschehnissen nicht mehr richtig fertig. Häufig ist er verwirrt, weil er intensive Bedürfnisse in sich spürt, die nicht miteinander in Einklang zu bringen sind: Einerseits wünscht er sich materiellen Erfolg in der Gesellschaft, andererseits sehnt er sich nach tiefem persönlichen inneren Frieden. Oder eine Krankheit oder andere Umstände haben tiefgreifende Veränderungen in seinem Leben bewirkt, die ihn durcheinanderbringen. Streß verursacht mentale Aktivitätsmuster, die die Strukturen, die unser Verstand sich aufgebaut hat, über den Haufen werfen. Das wirkt sich so stark auf unsere Emotionen aus, daß unser physischer Körper häufig nicht mehr schlafen oder kein Essen mehr verdauen kann und schließlich zusammenbricht.

An diesen Beispielen sieht man, daß wir lernen können, unsere Emotionen besser im Gleichgewicht zu halten, sobald wir begriffen haben, wie unser Geist im Rahmen seiner Strukturen und Denkschemata funktioniert. Indem wir verstehen, wie die einzelnen Teile mit unserem gesamten Selbst zusammenwirken oder auch dagegenarbeiten, können wir anfangen, ein harmonischeres, ausgeglicheneres Leben zu führen.

Der erste Schritt besteht darin, zu erkennen, wer du wirklich bist. Du bist Seele. Du bist nicht dein Geist, dein Körper oder deine Emotionen. Das sind nur die Werkzeuge, die du für deine Erfahrungen und für dein inneres Wachstum brauchst; und da sie dir sehr helfen können, solltest du lernen, wie sie funktionieren, und ihre Macht achten.

Du bist Seele. Das was du von dieser Welt siehst, erkennst du zwar mit deinen physischen Augen, begreifst es mit deinem Verstand und empfindest es mit deinen Emotionen; aber dein *wahres* Ich ist Seele!

4
Die Strukturen des Lebens

Strukturen – von unserem ersten bewußten Atemzug auf diesem Planeten an sind wir ein Teil davon. Während wir heranwachsen und mehr über diese Welt erfahren, bewegen wir uns ständig innerhalb dieser Strukturen. Auch wenn wir die Möglichkeit erwägen, daß unser Selbst mehr sein könnte als nur Körper und Geist, wenn wir über die feineren Wahrheiten nachgrübeln, die wir bei tieferem Nachdenken entdekken, setzen wir diese Strukturen ein. Wenn wir das Konzept der Zeit benutzen, um Bewegung zu messen, in unserem täglichen Leben materielle Werkzeuge gebrauchen, ja, sogar wenn wir die Bilder analysieren, die wir von uns selbst haben, sehen wir, daß alle Aspekte unseres Lebens auf Strukturen basieren – wir leben in einer strukturierten Welt. Aber was ist Struktur eigentlich, und warum ist sie so wichtig für uns?

Die Realität des Menschen entspricht zum großen Teil seiner Lebenserfahrung auf diesem Planeten. Erst seit kurzem erwägen wir die Möglichkeit, daß es auch auf anderen Planeten intelligente Lebensformen geben könnte. In Wirklichkeit aber besteht die Realität des Menschen nicht nur in seinen Erfahrungen auf den Planeten der verschiedenen Universen, sondern auch in den inneren Existenzwelten. Wenn du *er-*

kennst, daß der größte Teil deiner Realität in deinem Inneren liegt, ist das ein großes Erwachen für dich. Die materielle Welt der Universen und Planeten ist ziemlich begrenzt.

Um des leichteren Verständnisses willen bieten viele spirituelle Lehren ihren Schülern die Erklärung an, daß es im wesentlichen zwei Bewußtseinsbereiche gebe – die Höheren Welten und die Niedrigeren Welten. Die Höheren Welten sind die GOTTwelten, in denen göttliche Glückseligkeit herrscht. In diesem Bewußtsein wurde die Seele erschaffen, und Sie trägt die Verheißung in Sich, daß Sie eines Tages wieder in die Höheren Welten zurückkehren kann, um GOTT unmittelbar kennenzulernen. In den Höheren Welten gibt es keine Struktur; doch indem wir sie uns begrifflich vorstellen, verleihen wir ihnen Struktur.

Wir können uns vorstellen, daß die Niedrigeren Welten aus verschiedenen Bewußtseinsbereichen bestehen: dem ätherischen, dem mentalen, dem kausalen, dem astralen und dem materiellen. Das sind die Welten, in denen Struktur herrscht. Es ist eine faszinierende Erkenntnis, daß in allen diesen Bereichen Seelen leben, deren Existenz dem, was wir in dieser Welt erleben, erstaunlich ähnlich ist. Diese Bereiche werden häufig als Existenzebenen, innere Ebenen oder unsichtbare Welten bezeichnet. Die Seele wird in eine körperliche Gestalt hineingeboren, eine schützende äußere Hülle, die aus der Essenz des jeweiligen Bereichs besteht, und erlebt in diesem Körper eine begrenzte Zeit lang Liebe, Herausforderungen, Konflikte und Erkenntnisse. Zeit und Energie haben in der Regel in jeder dieser Welten andere Eigenschaften und eine andere Dauer; doch die Struktur ist ein Element, das ihnen allen gemeinsam ist.

Viele Lehren heben nicht hervor, daß jeder Mensch die Essenz und das Wirken all dieser Bereiche im Gesamtbewußtsein seines Selbst trägt: Unser Geist enthält die Essenz des ätherischen, mentalen und kausalen Bewußtseins, und in unseren Emotionen liegt die Essenz des Astralbewußtseins.

Wollen wir diese inneren Welten direkt erfahren, müssen wir uns in Einklang mit ihnen bringen, indem wir uns Zugang zu unserer eigenen Erkenntnis ihrer Essenz verschaffen – denn innerlich kennen wir diese Essenz. Die Struktur der inneren Ebenen wird gewöhnlich als etwas Materielles wahrgenommen, aber das ist sie nicht. Wir stellen uns die inneren Ebenen materiell vor, weil sie sehr große Ähnlichkeit mit der materiellen Welt haben, die wir so gut kennen. In Wirklichkeit sind alle Welten GOTTES – auch die GOTTwelten und diese physische Welt – Bewußtseinsschwingungsbereiche, und jede hat andere Eigenschaften. Man beschreibt die inneren Ebenen zwar häufig so, als seien sie übereinandergelagert, aber in Wirklichkeit existieren sie alle gleichzeitig.

Um der mentalen Welt gewahr zu werden, braucht man nur seine eigene mentale Bewußtseinsessenz mit dem Schwingungsbewußtsein der mentalen Ebene in Einklang zu bringen – man braucht den Körper überhaupt nicht zu verlassen. Wir sehen die materielle Welt um uns her vom Blickwinkel unseres physischen Körpers aus. Und da denken wir natürlich, daß die anderen Welten GOTTES sich auch außerhalb dieses Körpers befinden. Doch zu glauben, daß man seinen Astral- oder Seelenkörper in eine andere Welt projiziert, ist eine Vorstellung, die auf materiellen Prinzipien basiert. Deshalb gelingt so vielen Menschen die Projektion nicht. Man kann sein inneres Bewußtsein nicht nach außen projizieren – das funktioniert einfach nicht. Um die inneren Welten kennenzulernen, muß man vielmehr sein Bewußtsein auf einen anderen Punkt der Schwingungserkenntnis in seinem Inneren verlagern – oder sich mit diesem Punkt in Einklang bringen. Wenn man etwas erlebt, was einem wie außerkörperliches Bewußtsein vorkommt, wird man die Bilder, die man dabei gesehen hat, naturgemäß als etwas Materielles und somit außerhalb des Körpers Liegendes einordnen. Denn der Verstand wird in der Regel zu dem Schluß kommen, daß es sich bei dieser Erfahrung um eine Variante physischen Erlebens handelt. Man empfindet solch eine Erfahrung auch deshalb als etwas, was außerhalb des physischen Körpers oder auf der materiellen Ebene abläuft, weil die inneren Welten ziemlich große Ähnlichkeit mit der physischen Welt haben. Die physische Welt ist eine leicht veränderte Widerspiegelung der Astralwelt, die Astralwelt ist eine veränderte Widerspiegelung der Kausalwelt, die Kausalwelt eine abgeänderte Reflexion der Mentalwelt und die Mentalwelt eine abgeänderte Spiegelung der ätherischen Existenzebene.

Die Meister haben die Beschreibungen und Konzepte von Projektion und Out-of-the-Body-Erlebnissen nur als einfache Hilfsmittel zur Veranschaulichung benutzt – um euren Geist aufzurütteln, damit er akzeptiert, daß der Mensch mehr ist als nur die Bilder der physischen Welt. Nachdem ein Schüler seine Grenzen erweitert hat und versucht hat, sich in den *inneren Raum* zu projizieren, beginnen die erleuchteten Meister ihm dieses innere Geheimnis so zu erklären, wie es wirklich ist.

Ja, es gibt innere Welten, die ganz real sind, denn die Seele lebt dort und erfährt eine andere Realität als wir hier, die aber doch sehr ähnlich ist. Ja, du trägst die Essenzen aller dieser Welten ständig in dir. Ja, du kannst diese Welten unmittelbar kennenlernen, indem du die Essenz deines inneren Bewußtseins mit der Wirkungsebene in Einklang bringst, die du kennenlernen möchtest. Du bringst nur deine innere Schwingungsrate mit der Schwingungsfrequenz der inneren Welt in Einklang. Das tust du auch gerade jetzt in diesem Augenblick; denn du befindest dich im Einklang mit der physischen Welt. Alles, was hier deine Aufmerksamkeit fesselt, ist die Struktur, die du innerlich lebst – dein einmaliges Anschauungs- und Vorstellungsmuster, aus dem deine Welt besteht. Du persönlich hast sehr wenig dazu getan, diese Struktur aufzubauen, denn seit deiner Geburt akzeptierst du ohne Einschränkungen, daß diese Welt *die* Welt ist. Alles, was man dir als Wahrheit mit auf den Weg gab, hast du widerspruchslos als wahr akzeptiert.

Wie kannst du lernen, dich mit einer anderen Existenzebene in Einklang zu bringen? Unterweisungen von Lehrern, die zur GOTTESerkenntnis gelangt sind, können dir helfen, die einengenden Vorstellungen zu durchbrechen, die du von dir hast. Diese Unterweisungen mögen in Form persönlicher Anleitung erfolgen, oder du findest sie geschrieben oder auf Kassette oder Videokassette aufgezeichnet. Sie wenden sich an das Bewußtsein, das Unbewußte und die Emotionen. Es gibt viele Übungen, die dir helfen werden, deine Schwingungsfrequenz zu verändern. Bei manchen werden Meditation und Atemtechniken eingesetzt, bei anderen konzentriert man sich auf ein Mantra (einen physischen und mentalen Klang, der die äußere Aufmerksamkeit auf sich zieht und Zugang zu einer tieferen inneren Erkenntnis eröffnet). Ich lehre den Gebrauch spirituell aufgeladener Worte; das sind Aspekte des Klangs des GEISTES. Hierbei soll der Klang nicht nur das Denken ablenken, sondern gleichzeitig die Schwingungsfrequenz des Körpers, des Geistes und der Emotionen erhöhen. Viele Meditationstechniken beruhen darauf, die innere Aufmerksamkeit auf ein Konzept oder einen Gegenstand zu konzentrieren. Zu der Methode, die ich lehre, gehört Kontemplation, ein Vorgang, bei dem ein Gedankenbereich objektiv und distanziert untersucht wird. Meditation und Kontemplation haben beide vieles für sich. Es ist wichtig, ein System zu finden, das bei dir funktioniert, und dann damit zu arbeiten.

Konzept und Realität der Struktur liegen im ätherischen und mentalen Bewußtsein. Hier wird uns die unglaubliche Macht unseres denkenden Geistes bewußt. Es ist kein Wunder, daß wir uns so lange einbilden, der Geist sei unser wahres Ich. Jeder Aspekt des Lebens in den Niedrigeren Welten wird durch unsere unbewußte und bewußte Erkenntnis gefiltert. Das Hilfsmittel der Struktur ist uns gegeben worden, damit wir die Erfahrungsschemata aufbauen können, die wir auf allen inneren Ebenen finden.

Das ätherische Bewußtsein oder das Unbewußte erkennt

man an seiner Essenz, die sich in Symbolen niederschlägt. Das mentale Bewußtsein aber arbeitet mit Bildern. Unser denkender Geist ist ein sehr mächtiges Bewußtsein; er bringt Struktur und Form durch Handlungsmuster zum Ausdruck. Manchmal empfindet man diese Muster vielleicht als eingefahrene Verhaltensgleise. Sobald unser Verstand ein solches Muster aufgebaut hat, läßt es sich unter Umständen nur noch schwer ändern. Wenn ein Verhaltensmuster unerwünscht ist, sollte man es lieber abändern, statt zu versuchen, es zu beseitigen. Ersetze den fehlerhaften Stein in der Mauer deines Geistes durch einen neuen, solideren, statt ein Loch zu lassen, durch das die Mauer eventuell geschwächt wird.

Wenn du über diese Sätze nachdenkst, erkennst du vielleicht, wie die Verhaltensmuster in deinem Leben beschaffen sind. Es gibt ebenso viele positive wie einengende Verhaltensmuster. Manche erkennst du früher oder später als innere Begrenzung; andere können dich von Ansichten über dich selbst befreien, die dir Schmerz und Verwirrung gebracht haben. Es ist wichtig zu wissen, daß du negative Muster so verändern kannst, daß sie dir in deinem Leben weiterhelfen.

Der menschliche Verstand neigt dazu, sich zu schützen und vor fremden Einflüssen abzuschotten. Was er nicht als Teil seiner selbst identifizieren kann, das will er auch nicht akzeptieren. Eine neue Situation oder Entdeckung empfindet er als Herausforderung und damit häufig als Bedrohung. Und wenn er sich bedroht fühlt, drängt sein erster Impuls ihn dazu, die Existenz des bedrohlichen Bildes einfach zu leugnen. Wenn das Bild trotzdem beharrlich weiter an seine Tür klopft, wird er sich ihm nur mit großem Mißtrauen oder Unglauben nähern.

Das Gegenteil ist der Fall, wenn der Geist mit einem Bild konfrontiert wird, das er bereits zu kennen meint. Dann kommt er in Sekundenschnelle zu einer Schlußfolgerung.

Bei Aufgaben wie Autofahren oder Arbeiten, die mit Zahlen zu tun haben, ist das durchaus positiv; doch man darf nicht vergessen, daß unser Verstand die Bilder, die er sieht, auch leicht falsch interpretiert. Während du diese Worte liest, ordnet dein Geist das Bild oder die Information vielleicht ohne bewußte Anstrengung in irgendeine Kategorie ein, die er bereits kennt. Dann gehst du davon aus, bereits zu wissen, worüber ich schreibe, obwohl du es in Wirklichkeit vielleicht nicht weißt. Womöglich glaubst du, das alles schon einmal gehört zu haben und diese Ideen bereits zu verstehen; aber stimmt das wirklich? Indem wir unsere Ansichten und Vorstellungen immer wieder überprüfen und uns mit den Feinheiten der spirituellen Erkenntnis beschäftigen, fordern wir unser mentales Bewußtsein dazu heraus, seine Informationsbasis zu erweitern. Deshalb betone ich so, daß wir die Worte unseres Lehrers stets in Frage stellen sollten. Ich habe zwar nicht automatisch den Verdacht, daß der Lehrer unrecht hat; aber ich finde, wirklich lernen kann man nur, indem man alle Informationen in Zweifel zieht, indem man die neugewonnenen Vorstellungen den Bildern und Konzepten gegenüberstellt, die man bereits in sich trägt. So kann man sich einen inneren Beweis und eine tiefere Einsicht verschaffen.

Es ist interessant, die Verhaltensmuster in unserem Leben zu beobachten. Wenn wir selbst auf kleine Gewohnheiten und alltägliche Verrichtungen achten, erkennen wir, wie starr wir in unseren Handlungen und Vorstellungen manchmal sind. Das zeigt sich zum Beispiel an der Art, wie wir unsere Aufgaben erledigen und wie wir emotional auf ähnliche Situationen reagieren. Nimm dir zum Beispiel jetzt in diesem Augenblick vor, morgen früh auf einem anderen Weg zur Arbeit zu kommen. Plane, wie dieser Weg aussehen könnte. Höchstwahrscheinlich wirst du dich erst wieder an deinen Vorsatz erinnern, wenn du auf dem gewohnten Weg an deinem Bestimmungsort angelangt bist! Gewohnheiten lassen sich schwer ändern; man muß schon ein sehr starkes Bedürfnis danach haben.

Mein Großvater hatte die Angewohnheit, Menschen zu studieren. Er war ein einfacher Mann, der den größten Teil seines Lebens auf seiner kleinen Farm in den Südstaaten arbeitete. Die vielen neuen Bilder, die das Fernsehen ihm ins Haus brachte, beeindruckten ihn nicht. Die neuen Wunder der Gesellschaft machten ihn zwar neugierig; aber er schien ihnen mißtrauisch gegenüberzustehen. Als kleiner Junge wohnte ich zeitweise bei ihm. Eines Abends, als wir vor seinem gebrauchten Schwarzweiß-Fernseher saßen, fragte er mich, warum der bekannte Talkshowmaster, den wir gerade sahen, eigentlich immer an seinem Finger roch. Ich lachte und meinte, es müsse wohl eine Angewohnheit von ihm sein, immer den Finger unter seine Nase zu halten. Er sah mich an und sagte: «Ich glaube, wenn ich diese Angewohnheit hätte, dann hätte ich Angst, im Fernsehen aufzutreten. Die Leute würden sich fragen, wo ich vorher mit dem Finger gewesen bin, daß ich immer daran riechen muß.» Dann brach er in schallendes Gelächter aus und fragte, warum ein Mann, der im Fernsehen auftritt, so eine Angewohnheit nicht ablegen könne. Er erzählte mir von etlichen Gewohnheiten, die er im Laufe der Jahre gehabt hatte, und in was für Schwierigkeiten sie ihn gebracht hatten. Er war ein Mensch, der nicht nur über den Rest der Welt, sondern auch über sich selbst lachen konnte.

Wenn wir uns nicht sicher sind, ob wir ein Verhaltensmuster ändern sollen, müssen wir uns erst einmal der Macht und der Arbeitsweise unseres Verstandes bewußt werden. Analysiere dein Leben und denke über deine Grenzen nach. Was für Vorstellungen halten dich von der Erfüllung deiner Wünsche ab? Welche Ansichten befreien dich von den Beschränkungen dieser materiellen Welt?

Mir ist schon oft aufgefallen, daß Teilnehmer an meinen Seminaren erstaunte Gesichter machen, wenn sie mich zum erstenmal sehen. «Ich hätte nicht gedacht, daß der Autor von *Erleuchtung und Meisterschaft* noch so jung aussieht!» sagen sie. Wie *sollte* ich denn ihrer Meinung nach aussehen? Ist die äußere Erscheinung des physischen Körpers ein Anzeichen für spirituelle Erkenntnis? Ich habe schon oft gesagt, wenn ich als alter Mann in einer Robe, mit dunkler Haut und grauem Bart in den Vortragsraum käme, würden viele Zuhörer meine Worte viel eher akzeptieren und kaum in Frage stellen. Dann würde mein Äußeres ihrer Vorstellung entsprechen. Ich würde so aussehen, wie ich ihrer Ansicht nach aussehen müßte, um die Ereignisse, die ich in meinem Buch beschreibe, auch wirklich erlebt zu haben. Und dabei müßte mein westliches Erscheinungsbild sie eigentlich davon überzeugen, daß tatsächlich auch der Durchschnittsmensch tiefer in die Erfahrung GOTTES hineinwachsen kann. Jeder Mensch – ganz gleichgültig, wie er aussieht oder was für eine Ausbildung er hat – kann sich auf dem spirituellen Weg weiterentwickeln.

Das bringt mich auf ein anderes Thema: Manche Leute glauben, daß man unbedingt eine akademische Ausbildung haben muß, um spirituell wachsen zu können. Aber das stimmt nicht. Eine formelle Ausbildung ist zwar eine wunderbare Möglichkeit, Informationen zu erhalten, die man später auf seine Erfahrungen anwenden kann; doch es geht gerade so gut ohne. Ich zum Beispiel paßte nicht in die Strukturen des Ausbildungssystems hinein, das mir zur Verfügung stand. Es spielte keine Rolle, daß ich Texte gelesen und verstanden hatte, mit denen die Schüler sich eigentlich erst etliche Klassen über mir auseinandersetzen mußten. Ich konnte nicht das Abitur machen und im Leben weiterkommen, ohne die Anforderungen dieses Ausbildungssystems zu erfüllen, also ging ich in der zehnten Klasse von der Schule ab. Jahre später machte ich eine Aufnahmeprüfung und studierte noch einige Zeit am College. Meine akademische Ausbildung entspricht zwar kaum dem gewohnten Gang, aber dafür habe ich meine spirituelle Ausbildung aus erster Hand und unter der Anleitung von Meistern erhalten. Heute lese ich immer noch viele Bücher und andere Publikationen, denn ich weiß, daß diese Informationen nicht nur mir auf meinem persönlichen Weg helfen können – vielleicht kann auch ich anderen Menschen durch meine Bücher damit weiterhelfen.

Die Lernmethoden, die uns im Rahmen einer akademischen Ausbildung beigebracht werden, sind manchmal problematisch. Viele Lernsysteme sind starr und stützen sich stark auf die Logik und das Erinnerungsvermögen des menschlichen Verstandes. Logik hat aber wenig mit spiritueller Erkenntnis zu tun, und was wir unserem Gedächtnis aufzwingen, ist kein *Wissen*. Für ein spirituelles Leben auf dem Mittelweg darf man innerlich nicht starr sein. Wer bei jeder Kleinigkeit lange hin und her überlegt und sich an den endlosen Debatten um Richtig oder Falsch beteiligt, dem entgehen meist die Feinheiten der spirituellen Erkenntnis.

Wir benutzen tagtäglich Tausende von Strukturen, die ihre Basis im mentalen Bewußtsein haben. Eine dieser Vorstellungen, deren wir uns alle bedienen, ist das Konzept der Namen. Dein Name ist etwas sehr Persönliches, und du benutzt ihn als Erkennungsmerkmal für dein äußeres Selbst. Wenn du keine Ahnung von deinem äußeren und von deinem inneren Selbst hast, mag dein Name sogar dein ganzes Ich repräsentieren. Was ist der Name für eine seltsame Art, ein Leben zu beginnen! In westlichen Ländern geben Eltern ihrem Kind einen Namen manchmal nur aus dem Grund, weil sie ihn schön finden. Das kann zum Beispiel ein Familienname oder der wohlklingende Name eines Roman- oder Fernsehhelden sein. In anderen Kulturen nimmt man Namen ernster. Beispielsweise bin ich in dem Monatsmagazin *Hinduism Today* auf einen sehr interessanten Leitartikel von Swami Sivasiva Palani gestoßen, in dem es heißt: «Die Hindus leiten ihre Namen traditionsgemäß von den Göttern ab, so wie es die Völker im antiken Persien und Griechenland taten. Diese Art der

Namensgebung nennt man *theophor*. Die Moslems verfahren ähnlich, indem sie an die meisten männlichen Namen ‹Mohammed› anhängen.»

Mein Vater wurde nach dem Arzt benannt, der ihn entbunden hat. Ich wiederum erhielt den Namen meines Vaters, aber er paßte nicht zu mir. Ich hatte einfach das *Gefühl*, daß er nicht richtig für mich war. Er klang mir derb und schwerfällig in den Ohren. Als kleiner Junge verkürzte ich ihn zu einem Spitznamen – aber er paßte immer noch nicht. Als Teenager taufte ich mich dann einfach um und erklärte das damit, daß ich einen Künstlernamen für meine Gedichte bräuchte. Jetzt hatte ich endlich das Gefühl, den richtigen Namen zu haben. Später sollte ich erfahren, wie wichtig es ist, daß der Name, den ein Mensch trägt, dem inneren Bild entspricht, das er von sich hat. Der Klang und das Bild deines Namens sollten deine persönliche Schwingungsfrequenz widerspiegeln. Ein paar Jahre später ließ ich meinen Namen offiziell ändern. Einige Angehörige konnten das nicht begreifen und faßten es als Beleidigung für die Familie auf. Da unser Name für das Bild, das wir von uns haben, eine so wichtige Rolle spielt, sollten wir uns mit ihm wohl fühlen. Ich bin jetzt sehr glücklich mit meinem Namen. Und meinem eigenen Glück gegenüber trage ich die größte Verantwortung. Wenn meine Töchter den Wunsch hätten, ihren Namen zu ändern, hätte ich ganz sicher Verständnis dafür. Wie anders wäre alles, wenn man bei der Namensgebung die Persönlichkeit und das *Wesen* des Kindes berücksichtigen würde. Ein bewußtes Paar könnte den Charakter seines kleinen Kindes bereits richtig einschätzen und ihm einen Namen geben, der seinem Naturell entspricht.

Vielleicht hast du noch nie darüber nachgedacht, was für eine Macht Namen haben. Ich fürchte, die meisten Menschen haben das noch nicht getan. Andererseits stehen die meisten Frauen in westlichen Ländern vor dieser Frage, wenn sie sich überlegen, wie ihr neuer Name nach der Heirat klingen wird. Sie sprechen den Namen vor sich hin, und innerlich vergleichen sie die Schwingung dieses Namens mit ihrer eigenen inneren Vorstellung von sich – obwohl ich bezweifle, daß viele das bewußt so machen. Ich habe mich schon oft gefragt, wie viele Ehen scheiterten, weil der neue Name nicht stimmte, oder wie viele Frauen in ihrer Ehe unglücklich waren, weil sie den Namen ihres Mannes annahmen, obwohl er sich für ihr inneres Selbst schlecht anhörte und keine gute Schwingung hatte. Es wird viel von einer Frau verlangt, wenn sie einen neuen Namen annehmen muß. Mit der Zeit kann dieser Name sogar das Bild verändern, das sie von sich hat, und ihr ein anderes Ich geben. Wenn sie den neuen Namen als erhebend und befreiend empfindet, kann das für ihre Entwicklung sehr förderlich sein. Doch wenn sie den Namen bedrückend findet, kann es passieren, daß sie sich innerlich zurückzieht und vom Leben isoliert fühlt.

Unsere Vorstellungen von Namen gehen weit über das Persönliche hinaus. In unserer Gesellschaft versuchen häufig Unternehmen über ihren Namen eine Werbebotschaft zu vermitteln. Namen wie «Die solide Autowerkstatt» oder «Ihre freundliche Reinigung» sind Beispiele dafür, wie das in Amerika gehandhabt wird. In anderen Kulturen geht man wieder ganz anders damit um.

Ich zitiere wieder aus der *Hinduism-Today*-Ausgabe vom September 1989: «Leute, die Indien besuchen, sind häufig verblüfft, wenn ihnen Namen wie ‹Ganesha Zement AG›, ‹Rama-Wäscherei› oder ‹Sri-Lakshmi-Immobilien› begegnen. In anderen Ländern gilt die Kombination des Heiligen mit dem Alltäglichen irgendwie als Sakrileg – einen Namen wie ‹Jesus-Christus-Installationen› kann man sich kaum vorstellen. Aber in Indien geht so etwas. Es ist passend und allgemein üblich. Vielleicht hängt das mit der Erkenntnis der Veden zusammen, daß alles im Leben, alles auf dieser Welt heilig ist – der Schöpfer ebenso wie die Schöpfung. Der Hinduismus behauptet nicht, daß Gott gut und die Welt schlecht sei. Die alltäglichen kleinen Geschäfte, denen die Menschen nachgehen – ihre Berufe und Familien, ihre weltlichen Tätigkeiten – gehören ebenso zu ihrem spirituellen Weg wie die offizielle Gottesverehrung. Deshalb ist es kein Sakrileg, scheinbar irdische Dinge mit göttlichen Namen zu belegen. Im Gegenteil – man glaubt sogar, daß Gott unser Werk dann wohlgefällig ansieht, daß wir Gottesbewußtsein in die Angelegenheiten unseres täglichen Lebens hineinbringen.»

Die Strukturen des Lebens sind wunderbare Hilfsmittel. Analysiere dein eigenes Leben und untersuche, wie sie funktionieren. Wie bei allen Dingen im Leben soll man die Struktur aber nicht verherrlichen oder für «die» Antwort halten, sondern nur für ein Werkzeug, das uns hilft, umfassendere Erkenntnisse zu gewinnen.

5
Wie man mit dem GEIST zusammenarbeitet

Praktisch alle Kulturen – die primitiven wie die entwickelteren – akzeptieren, daß es eine Macht gibt, die über der menschlichen Schöpfung steht. Eine Kraft, die Veränderungen in das äußere Leben der Menschen, in ihre Umgebung und in die inneren Tiefen ihrer Seele bringt, die diese Macht verehrt. Manche halten diese Macht für GOTT SELBST, andere behaupten, Sie stamme *von* GOTT. Die Menschen haben Ihr viele Namen gegeben – Heiliger Geist, Essenz, Prana, ECK, das Wort, die Stimme, der Weg, die Gnade, die Wahrheit, das Höchste Bewußtsein oder der GEIST, um nur ein paar zu nennen. Den GEIST verstehen zu lernen und mit ihm zusammenzuarbeiten, bildet eine der größten Leistungen der Seele, denn dadurch gelangt Sie zur Selbsterkenntnis.

Es fällt mir sehr schwer, Worte zu finden, mit denen ich den GEIST beschreiben könnte, denn er besitzt unzählige Facetten. Den GEIST verstehen zu wollen bedeutet lebenslange spirituelle Arbeit. Tatsächlich bringen wir viele Leben damit zu, Seine Wunder bewußt zu entdecken und zu erforschen. Ja, auf unserem persönlichen spirituellen Weg zu GOTT wird es immer wieder einen neuen Schritt geben, bei dem der GEIST uns hilft. Den GEIST in Gedanken und Worte kleiden zu wollen bedeutet, Ihn einzugrenzen, und das ist unmöglich. Doch wenn es uns gelingt, einige seiner Wirkungsweisen mit dem Verstand zu erfassen, schaffen wir eine Form, die Er mit Seiner Macht erfüllen kann. Das ist eine Möglichkeit, den Umgang mit dem GEIST zu erlernen. Eine der umfassendsten Anleitungen zum Verständnis der Wirkungsweise des GEISTES stellt Paul Twitchells Buch *Die Flöte Gottes* dar. Der Titel dieses erstaunlichen Buches bezieht sich auf die Stimme, den Klang GOTTES. Er bildet einen Teil der dualistischen Natur des GEISTES in den materiellen Welten. Der andere Aspekt Seiner Doppelnatur ist das Licht.

Wenn wir berücksichtigen, daß GOTT das Formlose, das Absolute, das Namenlose ist, das über unser Denken und unser Begriffsvermögen hinausgeht, dann können wir uns den GEIST als Stimme und Macht GOTTES vorstellen, die sich in allen Welten der Schöpfung ausdrückt. Für den menschlichen Verstand ist der Ursprung des Geistes ebenso rätselhaft wie die Herkunft GOTTES. Die großen spirituellen Meister jedoch haben Ihn in allen Aspekten Ihres Lebens entdeckt und wissen, daß die Seele sich nur durch die Zusammenarbeit mit dem GEIST von den Illusionen der Welt befreien und weitergehen kann, um GEIST und GOTT in den Höheren Welten zu erfahren. Sie haben das Wirken des GEISTES unmittelbar erlebt, und auch du wirst es auf deinem Pfad kennenlernen. Der GEIST arbeitet nicht nur für jene, die beanspruchen, Ihn zu kennen; Er hilft uns allen.

Der GEIST hat Seinen Sitz im Herzen der göttlichen Quelle; Er ist ein Atemzug GOTTES SELBST. Aber Er ist nicht GOTT – Er ist nur ein Ausdruck GOTTES. Er fließt als Bewußtseinsquelle von den Höheren Ebenen herab. Wenn Er Seine Schwingungsfrequenz ändert, um im Bereich des ätherischen Bewußtseins zu arbeiten, spaltet Er Sich in gegensätzliche Aspekte auf: Hell und Dunkel, Positiv und Negativ, Gut und Böse, Oben und Unten, Yin und Yang, Richtig und Falsch. Alle mentalen Vorstellungen, die wir von diesen Extremen haben, sind Aspekte derselben unermeßlichen Macht. Der wahre Sinn der dualistischen Natur des GEISTES besteht darin, Entscheidungsmöglichkeiten zu schaffen, die die Seele herausfordern, und Ihr so Erfahrungen zu geben. Indem die Seele sich für bestimmte Handlungsweisen entscheiden muß, gewinnt Sie persönliche Erfahrungen, die Sie dann mit Ihren Informationen aus allen anderen verfügbaren Quellen kombinieren kann. Diese persönlichen Erfahrungen in Verbindung mit den dazu passenden Informationen führen zu spirituellem Wissen.

Trotz unseres begrenzten Verständnisses glauben wir, daß der GEIST praktisch allwissend ist, und doch ist Er nur das *Wirken* GOTTES und nicht GOTT SELBST. Für die meisten ist das allerdings ein so feiner Unterschied, daß er ihrem Fassungsvermögen entgeht. Der GEIST hält alle Welten der Schöpfung zusammen; insofern ist Er die Struktur aus Materie und Nichtmaterie, die allem zugrunde liegt. In den Niedrigeren Welten und auch in manchen Teilen der Höheren Welten ist die Schöpfung tatsächlich ein Aspekt des GEISTES. Der GEIST bildet das Tor zur wahren GOTTESerkenntnis. Wenn die Seele das erkennt, dann kann Sie ein Bewußtsein erlangen, das über die Welten des GEISTES hinaus und in das Herz GOTTES SELBST hineinreicht.

Das sind ziemlich erhabene Vorstellungen, und beim Durchschnittsmenschen, mit dem wir tagtäglich in der materiellen Welt zu tun haben, kommen sie nicht so leicht an. Die spirituellen Meister sprechen zwar schon seit Ewigkeiten von dieser unsichtbaren Gegenwart GOTTES – aber wie viele von uns nutzen diese Kraft auch wirklich in ihrem Leben? Kann man persönlich mit dieser Stimme und diesem Wirken GOTTES in Verbindung treten? Ja. Aber viele Menschen tun es nicht, weil sie glauben, Er stehe zu hoch über ihnen oder Er kümmere sich nicht um sie, oder weil sie annehmen, es sei zu schwer für sie, von Ihm zu lernen. Nichts könnte der Wahrheit ferner liegen! Der GEIST wirkt nur zu einem Zweck in dieser Welt: um der Seele zu helfen, Erfahrungen zu sammeln und den Weg zur GOTTESerkenntnis zu finden. Er ist nur für dich da.

Der GEIST hat die Gebete aller Seelen zu allen Zeiten stets erhört. Er kennt die Gebete von Christen, Hindus, Moslems, Baha'i, Buddhisten und von Menschen, die keiner Glaubensgemeinschaft angehören. Er hört die Gebete jeder Seele, die in Ihrer Not aufschreit und um Hilfe bittet. Und jedes dieser Gebete beantwortet Er. Selbst wenn wir unser Gebet an GOTT, einen Heiligen, einen Meister oder Messias richten, befaßt der GEIST sich mit unserer Bitte. Die Erlöser, Meister und Propheten, die nicht mehr auf diesem Planeten weilen, kümmern sich nur selten direkt um unsere Angelegenheiten. Wenn Sie es zulassen, können wir unser Bewußtsein zu den inneren Ebenen verlagern, dorthin, wo Sie sich befinden, und dürfen vielleicht mit Ihnen Kontakt aufnehmen, doch Sie richten Ihre Energie nur selten auf die Angelegenheiten dieser Welt.

Die spirituellen Meister, die im Augenblick auf diesem Planeten weilen, können und werden direkt mit dir zusammenarbeiten, aber meistens helfen Sie dir, indem Sie durch den GEIST wirken. Da ein spiritueller Meister so viele innere Bitten erhält, wäre es sehr mühsam für Ihn, Sich in Seinem mentalen und emotionalen Bewußtsein mit allen diesen Anliegen auseinanderzusetzen, und da ein Meister auf dieser Welt nur GOTT dient, hängt Sein Wirken sehr eng mit dem des GEISTES zusammen. Die Meister und der GEIST sind innerlich aufeinander eingestimmt und arbeiten in völliger Harmonie am Werk GOTTES. Der GEIST dient gewissermaßen als «Stoßdämpfer» zwischen einem Meister und den Hilfesuchenden. Er reicht nur die Bitten an den Meister weiter, die dessen persönliche Aufmerksamkeit erfordern. Die meisten Bitten beantwortet der GEIST.

Wenn du gewohnt bist, deine Gebete an Jesus Christus oder an einen Meister zu richten, und spürst, daß sie beantwortet werden, dann tue es ruhig weiter. Sich beim Beten das Bild eines Meisters vorzustellen, schafft eine Form, die der GEIST mit Seinem Segen erfüllen kann. Man kann seine Gebete aber auch an eine formlose Energie richten. Dann ist die Vorstellung von dieser formlosen Energie die Form, die der GEIST mit spiritueller Energie füllen wird. Doch es spielt gar keine Rolle, zu wem oder zu was man betet – der GEIST erhört und beantwortet deine Gebete auf jeden Fall. Ist einem das klar geworden, wird man wahrscheinlich versuchen, sich vorzustellen, wie der GEIST aussieht oder sich anfühlen könnte. Einerseits kann man den GEIST nicht mit menschlichen Augen sehen und auch nicht mit den emotionalen Sinnen erfühlen. Andererseits ist kein Atemzug möglich, ohne mit dem GEIST in engster Verbindung zu sein. Alle Emotionen, Sinneswahrnehmungen und Vorstellungen sind Aspekte des GEISTES. Der GEIST stellt GOTT in allen Dingen dar.

Worin liegt der Sinn des Betens? Meistens beten wir, um unseren Empfindungen Luft zu machen und unser Denken und Gemüt auf etwas zu konzentrieren. Dadurch kommen uns unsere unbewußten Ängste und Sorgen zum Bewußtsein. Manche halten das Gebet für eine spirituelle Handlung, das heißt, etwas, was über unsere persönlichen Sorgen und Belange hinausgeht. Oft ist es das aber gar nicht. Wenn wir beten, konzentrieren wir unsere Gedanken und Emotionen auf unsere Angelegenheiten und Bedürfnisse. Der GEIST kennt jedoch bereits unsere Sorgen und Bedürfnisse und unseren spirituellen Erkenntnisstand, also nützt das Gebet in Wirklichkeit nur uns selbst. Das ist ein weiteres Beispiel dafür, wie man eine mentale Struktur nützlich verwenden kann. Beim Beten konzentriert der Verstand sich nicht nur bewußt auf die Situation, in der er sich gerade befindet; er begreift auch, daß es eine Macht und Quelle gibt, die über ihn hinausreicht. Das ist ein sehr wichtiger Schritt auf dem Weg zu Glück und innerem Frieden. Wir müssen unsere Bedürfnisse klar sehen und uns eingestehen, daß es eine Macht gibt, die größer ist als wir selbst. Diese Erkenntnis unterstützt uns bei unserem spirituellen Wachstum.

Es gibt auch noch eine höhere Form der Kommunikation mit dem GEIST; aber diese Kommunikation empfinden wir nicht als Gebet. Das ist das *Wissen*. Je mehr du über den GEIST und über dein wahres Selbst erfährst, um so tiefer wächst du in einen Kommunikationsbereich hinein, der über den Verstand und die Emotionen hinausgeht. Du arbeitest mit dem Seelenbewußtsein. Wenn du diese Informationen dann in deinem physischen Leben einsetzt, bedienst du dich zwar des Verstandes und der Emotionen, um in dieser Welt zu handeln; doch die Quelle deines Wissens ist die Seele.

Über viele religiöse Menschen erzählt man, sie seien von GOTT oder vom GEIST inspiriert, und eine innere Stimme sage ihnen, was GOTT von ihnen erwartet. Das mag wohl sein; aber wir dürfen nicht vergessen, daß unser Ego und unser Wille uns häufig ganz subtil in eine bestimmte Richtung treiben. Wir verwechseln die Stimme unseres Verstandes leicht mit der Stimme des GEISTES. Wenn das stimmt, sollten wir dann überhaupt auf Menschen hören, die angeblich vom GEIST oder von GOTT inspiriert sind? Sollen wir uns von ihnen führen lassen? Was andere tun, geht mich im Grunde nichts an. Ich persönlich begründe die Entscheidungen in meinem Leben nicht darauf, was jemand anders für eine Botschaft GOTTES hält. Meine Aufgabe ist es, unter Einsatz all meiner Fähigkeiten meine Handlungen zu bestimmen. Ich höre die innere Stimme des GEISTES und entscheide, welche Richtung ich einschlagen möchte. Ich habe zwar auch manches Mal Ratschläge von spirituellen Meistern erhalten, um die ich Sie gebeten hatte, und mir war klar, daß Ihr Wissen auf göttlicher Kommunikation beruhte. Der Unterschied liegt vielleicht darin, daß Sie mir immer die Freiheit ließen, die Richtung selbst zu bestimmen. Ihr Rat war eher eine Information. Die Entscheidung hatte ich zu treffen. In vielen Fällen habe ich anders gehandelt, als es Ihrer Information nach vielleicht zu erwarten gewesen wäre; aber das bereue ich nicht. Ich bin auf meinem Weg innerlich gewachsen.

In den großen Zusammenhängen wirkt der GEIST für jeden von uns. All unsere körperlichen Bedürfnisse – sofern sie sich mit den Bedürfnissen des Universums vereinbaren lassen – werden befriedigt, denn der GEIST hält die Welt in Bewegung und im Gleichgewicht. Möchtest du, daß der GEIST im kleineren Rahmen, d. h. deinem persönlichen Leben, direkt mit dir arbeitet, mußt du Ihn darum bitten. Der GEIST schaltet sich erst in dein persönliches Bewußtsein ein, nachdem du Ihn bewußt um Seine Hilfe gebeten hast. Das beruht auf einem spirituellen Gesetz, das jeder Seele das Recht einräumt, selbst zu entscheiden, was in Ihr Bewußtsein eindringen soll. Peddar Zaskq hat mir vor vielen Jahren einmal erklärt, ich brauchte mir nur darüber klarzuwerden, daß mir nichts widerfahren kann, was sich nicht im Einklang mit meinem Bewußtseinsstand befindet – dann hielte ich den Schlüssel zum Leben in der Hand. Damit wollte Er mir sagen, daß ich selbst beschließe, was ich in mein Gesamtbewußtsein hereinlasse – und dazu gehört auch die Einwirkung eines Meisters oder des GEISTES.

Wie kann man direkt mit dem GEIST kommunizieren? Du mußt aufnahmefähig sein, und das erreichst du am besten, indem du den GEIST einfach bittest, dich in deinem Leben zu leiten. Dann fließt der GEIST nach innen in dein Bewußtsein hinein. Durch deine bewußte Bitte öffnest du den Verstand und die Emotionen für die Führung des GEISTES. Damit bittest du nicht nur um Hilfe im Seelenbewußtsein, sondern um Unterstützung in deinem ganzen Leben auf diesem Planeten. Oft leistet der menschliche Verstand einem Einfluß, den er nicht sofort erkennt, Widerstand. Indem du eine bewußte Bitte aussprichst, öffnest du dem GEIST innerlich die Tür. *Bitte mindestens einmal am Tag bewußt um Seine Unterstützung.* Es ist erstaunlich, wie viele Menschen mir schon gestanden haben, daß sie sich nach Trost und Beistand sehnen. Wenn ich sie dann frage, ob sie den GEIST schon einmal um Hilfe gebeten hätten, verneinen sie. Manche Leute fühlen sich nicht würdig, GOTTES Hilfe zu empfangen. Der GEIST ist aber unter anderem dazu da, uns diese Hilfe zu leisten, und wer nicht von ihr Gebrauch macht, leidet unnötig. Nicht immer fühlen sich die Leute unwert. Gewöhnlich ist es ihr Verstand, der sich gegen die Erkenntnis wehrt, daß er nicht mit allen Problemen im Leben fertig wird. Wie subtil sind die Strategien unseres Verstandes! Oft engt er uns ein, indem er sich eigensinnig an Ansichten klammert, die schon längst nicht mehr stimmen. Dieses Schema unbewußter Ansichten und Vorstellungen kannst du durchbrechen, indem du einer Macht, die größer ist als du, bewußt die Tür öffnest. *Du mußt den GEIST darum bitten, in deinem Leben mit dir zusammenzuwirken!*

Wenn uns klar wird, daß wir die Gegenwart des GEISTES tatsächlich in unserem täglichen Leben spüren können, dann werden wir uns immer auf Seinen Trost und Seine Führung verlassen. Wir werden uns fragen, warum wir nicht schon vorher gewußt haben, daß Er uns so nahe ist. In Augenblicken des Nachdenkens, wenn wir aus dem Kreislauf des Lebens heraustreten und dankbar feststellen, was uns alles geschenkt worden ist, regt sich in uns ganz von selbst der Wunsch, uns in der Wärme dieser Segnungen zu sonnen. Noch viel besser kann unser Leben doch eigentlich gar nicht mehr werden! Wir dürfen den Strom des GEISTES durchaus in unser innerstes Selbst aufnehmen, jedoch entdecken wir bald einen sehr wichtigen Aspekt dieser göttlichen Kraft – wir müssen die Energie an andere weiterleiten, um sie weiterhin empfangen zu können. Wir können den GEIST nicht in unserem Inneren aufstauen. Wenn wir es doch versuchen, scheint unser Leben plötzlich zum Stillstand zu kommen. Dann haben wir das Gefühl festzustecken. Der GEIST strömt als Bewußtseinswelle durch die Welten GOTTES, und die Energie, mit der Er uns segnet, nehmen wir auf und müssen sie dann weitergeben. Das kann geschehen, indem wir einen Fremden anlächeln, jemandem ein freundliches Wort sagen oder selbstlos etwas für einen anderen tun. Nimm die Segnungen, die du empfangen hast, und übertrage sie auf eine andere Seele, ohne an eine Gegenleistung zu denken. Gibst du ehrlich und aufrichtig, wird sich die ständige aktive Gegenwart des GEISTES in deinem Leben ganz von selbst bemerkbar machen. Aus einem anderen, weniger selbstlosen Grund zu geben, blockiert diesen aktiven Strom. Gefühle des Zorns und der Trauer und Gedanken, hinter denen das Ego steht, versperren dir die Tür zu dieser großartigen Energiequelle. Um wieder mit ihr in Verbindung treten zu können, brauchst du deine Emotionen und deinen Verstand nur zur Ruhe zu bringen und zu neutralisieren und den GEIST aufrichtig um Beistand zu bitten. Der GEIST ist immer in deiner Nähe und wartet nur darauf, daß du erkennst, daß ihr beide, du als Seele und Er, Teil derselben göttlichen Kraft seid. Du brauchst dir dieses Wunder, das vor dir liegt, nur zum Bewußtsein zu bringen.

Man hat mich schon oft gebeten, an Beispielen zu erläutern, wie der GEIST direkt mit uns zusammenarbeitet. Ich habe stets geantwortet: «Seht euch doch euer eigenes Leben an! Gibt es etwa einen Aspekt, in dem Er *nicht* mit euch zusammenwirkt?» Doch wir sind merkwürdige Wesen – wir besitzen die Fähigkeit, die Werkzeuge und Hilfsmittel dieses Lebens zu gebrauchen, haben aber nicht die leiseste Ahnung, wie diese Werkzeuge funktionieren oder was sie überhaupt sind. Wie viele Leute wissen eigentlich, wie Elektrizität entsteht und wie man sie durch Drähte fließen läßt, damit sie schließlich praktisch alle Bereiche unseres Lebens beeinflußt? Die meisten knipsen einfach den Schalter an und betrachten das Licht, das dabei angeht, als etwas Selbstverständliches. Ebenso halten die meisten von uns den GEIST für eine Selbstverständlichkeit, selbst wenn wir schon um Seine Hilfe gebeten haben. Ich habe schon viele Geschichten gehört über Menschen, die in Not waren und um Führung in ihrem Leben beteten. Es geschahen keine Wunder, sie hatten keine Visionen und hörten keine Stimmen vom Himmel. Deshalb nahmen sie wahrscheinlich an, GOTT habe nicht auf ihre Gebete reagiert. Im Laufe der Zeit wurde ihnen jedoch das Gegenteil bewiesen – vorausgesetzt, sie waren in der Lage, die Geschehnisse zu begreifen.

Ein Bekannter von mir namens Mark war seit einiger Zeit arbeitslos. Er hatte GOTT schon oft um Hilfe gebeten. Da erwähnte einer seiner Freunde, gerade habe ein Verwandter von ihm bei einer neuen Firma in der Stadt eine Stellung gefunden; und diese Firma suche noch jemanden mit einer ganz speziellen Ausbildung. Er wisse aber nicht, was das für eine Ausbildung sei. Marks Gemüt hellte sich auf, als er von der offenen Stelle hörte. Als er dann erfuhr, daß dazu eine bestimmte Qualifikation nötig war, sank sein Mut gleich wieder. Trotzdem drängte ihn etwas, Erkundigungen einzuholen. Es stellte sich heraus, daß Mark genau die Fähigkeit besaß, nach der die Firma suchte. Er wurde eingestellt – obwohl Marks Freund gar nicht gewußt hatte, um was für eine Qualifikation es sich handelte, als er ihm von der Stellung erzählte. War das Zufall? Nein. Der GEIST wirkt oft durch andere Menschen – selbst wenn sie es gar nicht wissen –, um uns neue Möglichkeiten zu eröffnen.

Jane wurde immer wieder von ihrem Chef schikaniert, weil er etwas gegen die esoterischen Bücher hatte, die sie in der Mittagspause las. Anfangs war diese Schikane kaum spürbar. Sie äußerte sich nur darin, daß er andere Angestellte bevorzugte. Er benutzte sie auch als «Mädchen für alles» und teilte ihr Aufgaben zu, bei denen sie von ihren Kollegen isoliert war. Als er ihr schließlich einreden wollte, wie falsch es sei, an «solche Sachen» zu glauben, wurde das Verhältnis zwischen beiden immer gespannter. Sie schrieb mir und bat mich um Rat. Ich empfahl ihr, den GEIST um Kraft und Führung zu bitten, damit sie den Auseinandersetzungen mit ihrem Chef gewachsen war, sich aber keine Sorgen zu machen. Die Angelegenheit würde schon in Ordnung kommen. Im Lauf der nächsten Monate hatte der Chef immer häufiger Träume, die er sich nicht erklären konnte, und zu ihrem großen Erstaunen fragte er sie, ob sie ihm diese Träume erklären könne. Sie versuchte ihm zu helfen, doch er wies ihre Erklärungen weit von sich. Obwohl er sie ja selbst um Rat gebeten hatte, wurde er wütend auf sie. Ihr bereits unerquickliches Verhältnis verschlechterte sich immer mehr. Sie fürchtete schon, ihre Stellung aufgeben zu müssen, oder er werde ihr kündigen. Eine neue Stellung wäre in einer kleinen Stadt wie dieser nicht leicht zu finden gewesen.

Ein paar Wochen später wurde der Chef in einen anderen Bundesstaat versetzt. Sie war darüber zwar glücklich, konnte aber nicht begreifen, weshalb er befördert worden war. Sie fand es nicht fair, daß er nun auch noch dafür belohnt wurde, sie gekränkt zu haben. Aber der GEIST kümmert sich um das Wohl des Ganzen. Durch die Beförderung ihres Chefs war nicht nur ihr Problem gelöst, es wurde auch eine Stelle in der Firma frei. Ein paar Tage später bekam sie den Posten, den er vorher gehabt hatte!

Vor vielen Jahren verdiente ich mir zusätzlich noch etwas Geld, indem ich Zeitungen austrug. Eines Sonntagnachmittags, als ich bei meinen Kunden kassierte, bog ich um eine Ecke und schnitt einen anderen Wagen, als ich über die Kreuzung fuhr. Der Fahrer des Wagens hupte, und im Rückspiegel sah ich, wie er mir mit der geballten Faust drohte. Ich wußte, daß es mein Fehler gewesen war. Bedauernd hob ich die Hände und formte mit den Lippen die Worte: «Tut mir leid.» Aber das genügte ihm offensichtlich nicht. Er rammte mein Auto von hinten. Ich trat aufs Gaspedal, und er verfolgte mich. In rasender Geschwindigkeit fuhren wir durch das Wohnviertel. Laut sagte ich zum GEIST: «Ich weiß, daß es meine Schuld war; aber bitte hilf mir diesmal. Ich weiß nicht, was dieser Kerl sonst noch mit mir anstellt.» Obwohl ich das Gefühl hatte, sehr schnell zu fahren, holte er mich ein und schwenkte drohend ein Bleirohr über dem Kopf. Da war mir, als flüstere eine innere Stimme, ich solle auf die Bremse treten. Ich gehorchte ihr. Er sauste an mir vorbei, was ihn noch mehr in Wut zu bringen schien. Dann bremste er ebenfalls, wendete und fuhr mit quietschenden Reifen auf mich zu. Plötzlich hörte ich einen lauten Knall und sah, wie sein Auto von der Straße abkam und langsam in einen tiefen Graben rollte. Ein Reifen war geplatzt. Ich bot ihm keine Hilfe an, denn ich hatte das Gefühl, an diesem Tag schon genug Aufregung verursacht zu haben. Aber ich dankte dem GEIST für Seine Hilfe.

Ehe ich einen Vortrag oder ein Seminar halte oder mich an meinen Schreibtisch setze, bitte ich den GEIST, mich zu unterstützen, damit ich mein Bestes für GOTT geben kann. Ich bitte Ihn um Hilfe, zu erkennen, was aus dem Ego kommt, damit es meine Worte nicht beeinflußt. Ich bitte um Kraft, da ich nun gleich meinen Körper, meinen Geist und meine Emotionen als Werkzeug für meine Arbeit einsetzen werde. Das erlaubt meiner Seele, den Menschen, die für den nächsten Bewußtseinsschritt bereit sind, die richtigen Informationen zu übermitteln.

Oft fordere ich meine Zuhörer auf, nicht schüchtern zu sein und mir ruhig Fragen zu stellen. Wenn sie sich dennoch nicht trauen, macht das gar nichts. Ihre Fragen werden trotzdem innerlich beantwortet. Viele Leute haben mir später gesagt, ich hätte ihnen direkt in die Augen gesehen und ihnen die Antwort auf ihre Frage gegeben, die sie innerlich gestellt hatten. Der GEIST hilft mir dabei.

Ich kenne Tausende von Geschichten, wie der GEIST im Leben von Menschen gewirkt hat. Wie hat Er sich in deinem Leben bemerkbar gemacht? Was für ein Problem hat Er auf eine Art und Weise gelöst, die du nicht voraussehen konntest? Welche Antwort hast du bekommen, als du Ihn aufrichtig um Führung batest? Was für ein Trost ist dir in einer Zeit großer seelischer Belastungen zuteil geworden? Nimm dir am besten gleich jetzt ein paar Minuten Zeit und denke darüber nach. Ist es nicht ein wunderbarer Trost zu wissen, daß du nicht allein auf dieser Welt bist? GOTT berührt unser Leben durch den GEIST. Es gibt so vieles, wofür wir dankbar sein müssen.

Um mit dem GEIST zusammenwirken zu können, bringe deine Emotionen und deine Gedanken zum Schweigen. Bitte Ihn aufrichtig um Seine Führung. Sage zu Ihm: «GEIST, wenn es gut für das Ganze und für meine spirituelle Entwicklung ist, bitte ...» Und dann sprich deine Bitte aus. Um die Antworten zu bekommen, mußt du auf die eigene innere Stimme deiner Seele hören, denn der GEIST spricht zu deinem *wahren* Ich, nicht zu deinem Verstand. Aber der Verstand wird die Eindrücke, die die Seele ihm vermittelt, begreifen, und du kannst diese Informationen dann auf alle Situationen in deinem Leben anwenden. Wenn du Trost brauchst, öffne dein Selbst. Deine Emotionen werden die Wärme spüren, die Er dir schenkt. Du *weißt*, daß der GEIST dir helfen wird. Vertraue darauf, daß Er mit dir zusammenarbeitet. Höre auf, dich zu sorgen – werde ruhig – und laß dich bei deinem Leben vom GEIST unterstützen.

Ich habe mich auf meinem Weg allmählich von all den hohlen Schalen der Dinge dieser Welt befreit, die mich früher glücklich machten. Manchmal beschleicht einen ein Gefühl der Trauer, wenn man diese Dinge aufgibt, die einem früher Trost und Vergnügen schenkten. Und manchmal wünschst du dir vielleicht, du könntest dein Glück immer noch in ihnen finden. Das Leben wäre viel einfacher, wenn wir nur nach der kindlichen Devise zu leben brauchten: «Wer am Schluß die meisten Spielsachen hat, der hat gewonnen!» Doch letzten Endes genügen diese Spielzeuge eben nicht – ebensowenig wie die Liebe, die wir von anderen Menschen empfangen, und die Liebe, die wir anderen zu geben versuchen, ausreicht.

Wir sehnen uns nach unserer eigenen inneren Verbindung zu GOTT und wissen instinktiv, daß wir eine solche Verbindung haben – wenn wir sie nur finden könnten. Diese Verbindung ist der GEIST. Er füllt die Lücke in uns, die zurückbleibt, wenn wir uns von den Vorstellungen dieser Welt lösen. Er läßt uns unser wahres Selbst erkennen und hilft uns bei unserer Rückkehr zu GOTT.

Ich habe gelernt, mich darauf zu verlassen, daß der GEIST alles in mein Leben bringen wird, was für mich und die Gesamtheit der Schöpfung am besten ist. Ich erbitte nichts für mein eigenes Leben in dieser Welt. Innerlich habe ich ja schon alles, denn mir ist der Segen zuteil geworden, daß ich mich GOTT durch Sein Medium, den GEIST, nähern darf. Diese Welt kann mir nicht viel geben. Ich weiß, daß ich selbst im Zustand des Seelenbewußtseins, verglichen mit den Fähigkeiten und dem Wissen des GEISTES, nur ein begrenztes Wesen bin. Deshalb bitte ich den GEIST ohne Zögern, mir zu geben, was das Beste für mich ist, und mich bei der Arbeit zu leiten, zu der ich auf der Welt bin. Er hat mich noch nie im Stich gelassen.

Ich habe mir die Realität und die Macht des GEISTES durch meine eigene Erfahrung bewiesen. Das kannst du auch. Da ich gesehen habe, wie Er in meinem Leben wirkt, glaube ich daran, daß Er es auch weiterhin tun wird, solange ich Seine Wirkungsweise und Seine Richtung respektiere. Dieser Glaube beruht auf meinen eigenen Erfahrungen, nicht auf Wunschdenken oder logischen Schlüssen.

Wir glauben so lange, bis wir *wissen*; und so soll es auch sein. Deine Glaubensvorstellungen sind geistige Schlußfolgerungen, die auf deinem begrenzten Erfahrungsschatz und den Erfahrungen anderer beruhen. Viele Religionen stützen sich auf den Glauben, aber diese Art von Glaube ist leicht zu erschüttern. Nur Glaube, der auf *Wissen* basiert, gehört einzig und allein dir. Er ist niemals gefährdet und kann dir nicht weggenommen werden. Durch aktive Zusammenarbeit mit dem GEIST wirst du eine *wissende* Beziehung des Glaubens und Vertrauens zu Ihm entwickeln.

Ja, es gibt wirklich vieles, wofür wir dankbar sein können. Wir haben einen göttlichen Freund.

Das Leben in den kleineren Zusammenhängen

6
Vom Umgang mit Lehrern

Du und ich, wir alle haben die Möglichkeit, aus jeder Erfahrung unseres Lebens etwas zu lernen und Erkenntnisse zu gewinnen. Bei all unseren Handlungen und Reaktionen, bei jedem Konflikt stehen wir vor einer neuen Entscheidung. Wir stehen vor der Herausforderung, das Wissen, das wir bereits besitzen, mit der neuen Situation in Verbindung zu bringen und für diesen Augenblick, für den wir verantwortlich sind, eine Entscheidung zu fällen. Dieser Aspekt des Lebens birgt zwei Elemente, die wir für unser inneres Wachstum brauchen – Information und Erfahrung. Wir gehen innerlich einen weiteren Schritt vorwärts, wenn wir unsere Erfahrungen auf neue Informationen anwenden oder mit den Informationen, die wir bereits haben, an die neue Erfahrung herangehen, die gerade vor uns liegt. Wissen kann man sich als Kombination von Information und Erfahrung vorstellen; Wissen ist das Ziel, das die meisten Suchenden auf dem spirituellen Weg anstreben.

Solch ein persönlicher Entdeckungsprozeß kann dich tief in spirituelle Erkenntnisse hineinführen, obgleich es ein etwas langsamerer Weg ist, als viele sich wünschen mögen. Vom Verstand her hoffen die meisten, alle Antworten so bald wie möglich zu entdecken, und haben sie einmal diesen Entschluß gefaßt, saugen sie praktisch alles, was vor ihnen liegt, wie ein Schwamm in sich auf. In der Tiefe werden wir von den sanften Eingebungen unserer Seele angetrieben. Doch wie rasch der Pfad sich vor uns entfaltet, hängt von der emotionalen Stärke unseres Wunsches ab. Da jeder Mensch sich naturgemäß nach Frieden und Glück sehnt, tun wir möglichst wenig, um Konflikte zu provozieren. Doch gerade Konflikte sind häufig eine Herausforderung für uns, zu entdecken, was jenseits des materiellen und emotionalen Lebens liegt. Wenn wir immer nur nach Sicherheit streben, nur nach Bequemlichkeit, Frieden und Glück, entgeht uns leicht das unbekannte Territorium, das die größten Herausforderungen des Lebens für uns bereithält. Wie schnell möchtest du dich spirituell entwickeln? Inwieweit bist du bereit, auch das Unbekannte zu erforschen, um mehr über dein wahres Selbst zu erfahren? Zum Glück brauchen wir uns nicht in halsbrecherischer Geschwindigkeit zu entwickeln. Wir können uns auch langsamer durchs Leben bewegen und einen Mittelweg für unser Wachstum finden.

In dieser Hinsicht stellen die Erfahrungen des täglichen Lebens eine Art Lehrmeister dar. Man könnte sogar sagen, daß du dein eigener Lehrer bist. Einer weitverbreiteten Lehre zufolge bist du sogar dein eigener Guru. Bis zu einem gewissen Grad ist das sicherlich richtig. Indirekt besagt diese Behauptung, die man sehr häufig hört, auch, daß du mit äußeren Gurus oder Lehrern Schwierigkeiten bekommen könntest. Tatsächlich haben viele Menschen, die sich zur New-Age-Bewegung zählen, schon unangenehme Erfahrungen mit Lehrern hinter sich. Wie in allen Lebensbereichen geht es auch hier darum, die Ursache des Problems zu suchen. Manchmal wird gelehrt, der Lehrer sei *der Weg,* was leicht zur Abhängigkeit von ihm führen kann. Ein paar Lehrer haben sich aus dem Rampenlicht der Öffentlichkeit zurückgezogen, kennen aber angeblich *den Weg* zum Glück und zur Erleuchtung, was zum

Elitedenken verleiten kann. Es sind auch schon viele Berichte an die Öffentlichkeit gedrungen, in denen bekannte Lehrer beschuldigt wurden, sich ihren Anhängern gegenüber alles andere als fair verhalten zu haben. Und doch meinen die meisten Lehrer es ehrlich und geben tatsächlich ihr Bestes. Könnte es nicht sein, daß wir manchmal zuviel von einem Lehrer verlangen oder erwarten? Was für eine Rolle spielt der Lehrer tatsächlich für unsere spirituelle Entwicklung?

Seit Jahrtausenden sucht der Mensch nach Wesen, die mehr wissen als er und ihm helfen können, eine neue Erkenntnisstufe zu erreichen. Wir möchten von jemandem lernen, der diese Erfahrungen selbst schon gemacht hat. Wir sehnen uns nach den praktischen, taktischen, geheimnisvollen Antworten, mit deren Hilfe wir weiter ins Reich der Erleuchtung vordringen können. Ein wahrhaft erleuchteter Lehrer, der GOTT erlebt hat, weiß aber, daß er seinen Anhängern allenfalls Informationen vermitteln und vielleicht in dem einen oder anderen Fall auch ein Katalysator für gewisse spirituelle Erfahrungen sein kann. Das ist alles, was ein Lehrer für dich tun kann. Er kann dir nichts geben, was du innerlich noch nicht bereit bist, zu empfangen – ebenso wie er dir nicht zu innerem Frieden oder zur tatsächlichen Selbst- oder GOTTESerkenntnis verhelfen kann. Er gibt dir Informationen, die du mit deiner einmaligen spirituellen Erfahrung verknüpfen kannst; dann hast du eine neue Erkenntnis gewonnen. Er kann seine Informationen an dich weitergeben, aber er ist nicht die Wahrheit. Er kann dir den Weg zeigen, aber er ist nicht der Weg. Das heißt, er kann dir nur bis zu einem gewissen Grad helfen. Du mußt jeden Lehrer danach beurteilen, was du wahrscheinlich aus dem Kontakt mit ihm lernen kannst.

Wie kannst du beurteilen, welcher Lehrer richtig für dich ist? Als erstes schätzt du deine Bedürfnisse ein. Was möchtest du wissen? Metaphysik, Philosophie, Religion und spirituelle Lehren haben Hunderte verschiedener Aspekte. Jedes dieser

Gebiete hat wiederum unzählige Varianten, die auf die unterschiedlichen Interpretationen zurückzuführen sind. Und auch alle Lehrer, die es auf diesen Gebieten gibt, unterscheiden sich mit Sicherheit voneinander, da jeder ein etwas anderes Verständnis von seiner Lehre hat. Sei wachsam, aber mache dir keine Sorgen über die spirituelle Entwicklungsstufe, die du im Augenblick erreicht hast. Wisse, daß du die Hand ganz von selbst nach dem nächstliegenden Interessengebiet ausstrecken wirst, wenn die Zeit dafür reif ist. Was du herausfindest, wird sich nahezu mühelos aufeinander aufbauen, und bei dem Lernprozeß wirst du immer wieder auf neue Lehrer stoßen. Höre dich um, was andere über den Lehrer sagen, dem du dich anvertrauen möchtest. Verlasse dich auf dein eigenes inneres Gespür, und beginne dann intensiv mit einem Lehrer zusammenzuarbeiten, von dem du glaubst, daß er dir neue Informationen über das Gebiet vermitteln kann, mit dem du dich gerade beschäftigst.

Es gibt nicht nur einen Weg zur Erkenntnis der Wahrheit; also gibt es auch nicht nur einen Weg, etwas über die Wahrheit zu erfahren. Verlasse dich bei der Beurteilung eines Lehrers auf dein Gespür für die Aufrichtigkeit und Integrität. Versuche im Gespräch mit ihm festzustellen, was er für sich selbst erreichen will, wo seine persönlichen Ziele liegen und was er seinen Schülern zu bieten hat. Welchen Weg, welche Methode benutzt er? Hast du bei dieser Methode ein gutes Gefühl? Dann frage dich, was du dir von der Zusammenarbeit mit dem Lehrer versprichst und ob es wahrscheinlich ist, daß dieser Lehrer dir einen sinnvollen Weg zu deinem Ziel zeigen wird. Wenn ich jemanden suchte, der mich beraten oder mir helfen soll, zu spiritueller Erkenntnis zu gelangen, würde ich jedenfalls so vorgehen.

Irgendwann wird ein Zeitpunkt kommen, wo du diesen Lehrer nicht mehr brauchst. Das ist eine ganz normale Entwicklung. Leben bedeutet wachsen, und es gibt kein Wachstum ohne Veränderung. Um innerlich wachsen zu können, mußt du dich von allen Bindungen an die Methoden oder die Persönlichkeit des Lehrers lösen. Du darfst auch auf keinen Fall zulassen, daß er sich an dich bindet. Ich bin schon lange der Meinung, wir sollten von unseren Lehrern verlangen, daß sie in ihrem Leben den höchsten Maßstäben persönlicher Aufrichtigkeit und Integrität gerecht werden; und wir sollten diese hohen Maßstäbe auch an uns selbst anlegen. Der Lehrer sollte dir immer deine Freiheit lassen. Ebenso solltest auch du ihn nicht einengen, indem du unvernünftige Anforderungen und Erwartungen an ihn stellst. Du mußt wissen, daß jeder Lehrer naturgemäß Grenzen hat – denn auch sein Verständnis der Wahrheit ist begrenzt. Vielleicht hast du inzwischen alles gelernt, was dein jetziger Lehrer dir bieten kann. Auf deiner Suche nach umfassenderer Wahrheit wirst du immer wieder neuen Lehrern begegnen.

Jeder Lehrer kann dir nur die Informationen vermitteln, die er wirklich selbst verstanden hat. Ich sage «Informationen» und nicht «Wissen», weil man Wissen nur in seinem eigenen Inneren finden kann, indem man Informationen – ganz gleichgültig, aus welcher Quelle – mit seinen eigenen Erfahrungen kombiniert. Es gibt auf allen Gebieten viele erfahrene Lehrer; einige von ihnen werden als Meister bezeichnet. Sie gelten als die besten auf ihrem Gebiet; aber wie gut ein Lehrer wirklich ist, hängt davon ab, wie gut er dir persönlich seine Informationen vermitteln kann. Die Kunst des Lehrens besteht nicht darin, neue, spektakuläre Entdeckungen zu enthüllen; denn es gibt nichts Neues mehr. Es ist alles schon einmal gesagt worden. Die spirituelle Wahrheit wird schon seit Jahrtausenden offenbart. Ein erfolgreicher Lehrer muß dir vielmehr helfen können, im Rahmen deiner eigenen Erfahrungswelt eine zeitlose spirituelle Wahrheit zu begreifen. Die Methode, deren ein Lehrer sich bedient, funktioniert nicht bei allen Schülern gleich gut, denn jeder Mensch ist anders. Ein Lehrer kann nicht allen Menschen etwas sein. Das ist eine der wichtigen Lektionen, die jeder Lehrer lernen muß, wenn er mit seiner Arbeit beginnt. Letzten Endes akzeptiert er dann, daß es klüger ist, nur das zu lehren, was er mit seiner eigenen inneren Kraft am besten erkennen und ausdrücken kann, und den Rest anderen Lehrern zu überlassen, deren Stärken auf anderen Gebieten liegen.

Manchmal sieht ein Lehrer vielleicht eine bestimmte Begrenzung bei dir und weist dich subtil darauf hin. Wenn du das Gefühl hast, seine Worte zwar gehört, aber eigentlich nicht verstanden zu haben, wird er sie dir vielleicht bildhafter veranschaulichen. Als mich ein sehr anerkannter spiritueller Meister einmal aufforderte, grundsätzlich alle Seine Behauptungen anzuzweifeln und nach meiner eigenen Erfahrung der Wahrheit zu suchen, nickte ich zustimmend. Rein verstandesmäßig akzeptierte ich Seine Belehrung; aber ich hatte sie nicht richtig begriffen. Ich lernte schon seit einigen Monaten bei Ihm und war erstaunt, wieviel ich in dieser Zeit über mich selbst erfahren hatte. Als ich Ihn fünf Monate lang kannte, saßen wir einmal mehrere Tage lang unter einem alten Baum am Ufer eines Flusses. Er redete über den Glauben. Dabei ging es im wesentlichen darum, daß man lernen müsse, dem als Wahrheit zu vertrauen, was man aufgrund seiner bisherigen persönlichen Erfahrungen als wahr erkannt habe. Plötzlich erhob Er sich und forderte mich auf, zum Fluß zu gehen und meinen Kopf unter Wasser zu halten. Ohne Zögern gehorchte ich Ihm. Ich rechnete mit irgendeiner weltbewegenden Erleuchtung. Nachdem ich zweieinhalb Minuten lang mit dem Kopf unter Wasser gewesen war, änderte ich meine Meinung: Nun glaubte ich, Er werde ein großes Wunder wirken, und ich würde in der Lage sein, den Bedürfnissen meines Körpers zu trotzen und auch unter Wasser zu überleben. Nach vier Minuten gab ich mich in GOTTES Hand und bat Ihn um Erbarmen für alles, was ich in meinem Leben falsch gemacht hatte. Nach fünf Minuten riß ich instinktiv den Kopf aus dem Wasser und schnappte nach Luft. Er stand über mir und sah mir erwartungsvoll ins Gesicht, sagte aber nichts. Als ich wieder normal atmen konnte, fragte ich Ihn, was ich falsch gemacht hatte. Ich hatte das Gefühl, irgendwie versagt zu haben, und wollte herausfinden, was für eine Erkenntnis Er für mich beabsichtigt hatte.

«Was ist denn früher immer passiert, wenn du deinen Kopf unter Wasser hieltest?» fragte Er.

«Ich mußte wieder auftauchen, um Luft zu holen, Meister.»

«Warum wunderst du dich dann, daß du diesmal auch wieder auftauchen mußtest?»

Er wollte mir zeigen, daß vertrauensvoller Glaube als Korrektiv stets ein gesundes, vernünftiges Urteilsvermögen braucht, das auf unseren bisherigen Erfahrungen beruht. Und ich hatte erwartet, Er werde Himmel und Erde für mich in Bewegung setzen, obwohl Er so etwas niemals versprochen hatte! Weil ich Seine Worte stets für wahr gehalten hatte, glaubte ich mich blindlings darauf verlassen zu können, daß Er meine Erwartungen immer erfüllen würde.

Er beendete Seine Lektion mit den Worten: «Jemandem, den du als Lügner und Betrüger kennst, hörst du von vornherein mit Mißtrauen zu, und du wirst seine Worte genau abwägen und zu durchschauen versuchen, was für eine Absicht dahintersteckt. Ist dir klar, daß selbst ein solcher Mensch wahre Worte sprechen kann, auch wenn es ihm gar nicht bewußt sein sollte? Würdest du die Wahrheit aus seinen Worten heraushören?

Und wenn ein Mann, von dem allgemein bekannt ist, daß er die Wahrheit spricht, einmal etwas völlig Falsches sagte, würdest du es merken? Oder würdest du ihm glauben, weil er bekannt dafür ist, daß er die Wahrheit weiß? Ich möchte dir beibringen, die Wahrheit schätzen zu wissen, die du aus eigener Erfahrung *erkennst* – statt den Überbringer der Wahrheit zu verherrlichen, denn er ist niemals die Wahrheit selbst. Lebe von Augenblick zu Augenblick, und entscheide auf der Basis all dessen, was du bist – all dessen, was du in deiner gesamten bisherigen Erfahrung gewesen bist –, wie dein Leben aussehen soll. Dann beweist du dir das Leben selbst und forderst es auf, dir seine Geheimnisse zu offenbaren.»

Auch in den inneren Bewußtseinswelten gibt es Lehrer. Sie arbeiten meist im Traum mit uns zusammen. Manche Menschen bezeichnen sie als geistige Führer. Vielleicht hatten sie irgendwann einmal einen physischen Körper, vielleicht auch nicht. Auf jeden Fall besitzen sie eine Körperform, die dem Bewußtseinsbereich entspricht, von dem aus sie arbeiten – das ist entweder der astrale, der kausale, der mentale oder der ätherische Bereich. Bei der Beurteilung dieser Lehrer kannst du genauso vorgehen wie bei der Einschätzung derer, die einen physischen Körper haben.

In den letzten Jahren sind Tausende von Menschen an die Öffentlichkeit getreten, die durch Channeling mit einer oder mehreren nicht verkörperten Wesenheiten Kontakt aufgenommen haben. Solche Wesen werden häufig als «wundervoll, weise und warmherzig» beschrieben; sie «sind da, um uns Liebe zu geben». Können uns diese Wesenheiten, falls sie tatsächlich existieren, sinnvolle Lehrer sein? Natürlich können sie das. Wir können aus jeder Informations- oder Erfahrungsquelle etwas lernen. Sind diese Menschen tatsächlich mit der Essenz einer anderen Seele in Verbindung, die durch sie spricht? Nur du selbst kannst alle Situationen, die dir begegnen, beurteilen. Meiner Erfahrung nach sind einige dieser Leute ausgemachte Schwindler, die auf diese Weise versuchen, zu Ruhm und Reichtum zu gelangen. Doch die meisten glauben wirklich, daß sie mit einem höheren Wesen zusammenarbeiten; sie hören ihre eigene innere Stimme und halten sie für die Stimme eines Wesens, das von außen zu ihnen spricht. Und es gibt auch tatsächlich Menschen, die sich auf eine Wesenheit, die sich meist auf der astralen Bewußtseinsebene aufhält, eingestimmt haben. Vielleicht glauben wir, daß jemand, der sich auf einer anderen Bewußtseinsebene befindet, spirituell unbedingt fortgeschrittener sein muß als wir; deshalb hören wir auf die weise Stimme aus dem Jenseits. Aber das ist nicht immer richtig. Denn den Seelen, die diese Bewußtseinsbereiche bewohnen, geht es nicht viel anders als uns hier: Die meisten sind ebenso wie wir dabei, etwas zu lernen. Nur ein paar Seelen in den anderen Welten besitzen eine höhere spirituelle Weisheit, und noch weniger würden einem Medium erlauben, mit ihnen in Verbindung zu treten.

Die Lehrer, mit denen ich in letzter Zeit zusammengearbeitet habe, bewohnen nicht alle physische Körper. Mit einigen habe ich im Traumzustand zusammengearbeitet, bis ich lernte, mein inneres Bewußtsein nach Belieben zu verlagern, um mit ihnen zusammensein zu können. Sie wohnen in den inneren Welten, um GOTT auf die Art zu dienen, für die sie sich entschieden haben. Viele von ihnen haben GOTT erfahren und können dir helfen, auf deinem spirituellen Weg große Fortschritte zu machen. Diese Lehrer treten niemals mit jemandem durch Channeling in Verbindung. Sie arbeiten mit jeder Person individuell.

Irgendwann einmal versuchst du vielleicht, den Erkenntnisstand eines spirituellen Lehrers genau einzuschätzen. Du bezweifelst das Wissen oder den Grad der Fortgeschrittenheit dieser Person. Es liegt auf der Hand, daß kein Lehrer dir mehr beibringen kann, als er selbst erkannt und verstanden hat. Vielleicht ist dir auch klar, daß die Erkenntnis, die man von der Wahrheit und den inneren Welten haben kann, die astrale, die kausale, die mentale und die ätherische Welt, ja sogar die GOTTwelten umfaßt. Aber wie kannst du feststellen, wie tief die Erkenntnis deines Lehrers reicht? Der einzige wahre Maßstab ist *deine eigene* Kenntnis der Wahrheit und der Welten, die dein Lehrer dir beschreibt; und diese Kenntnis beruht auf deiner persönlichen Erfahrung. Wenn du dich mit weniger begnügst, baust du lediglich auf dein Gefühl und deine Intuition. Die meisten Menschen verlassen sich bei der Zusammenarbeit mit einem Lehrer tatsächlich auf ihr Gefühl –

auf die Intuition, daß dieser Lehrer der richtige für sie ist. Das liegt daran, daß *wir so lange glauben, bis wir wissen;* und das ist auch ganz richtig so.

Ich habe schon mit Lehrern gearbeitet, von denen ich wußte, daß ihre Erkenntnisstufe sich auf den astralen und den mentalen Bewußtseinsbereich beschränkte. Ihrer Erfahrung nach war das die höchste Welt GOTTES; und ich weiß, daß sie daran aufrichtig glaubten. Viele ihrer Anhänger akzeptierten die Lehre, die sie ihnen als absolute, endgültige Wahrheit vermittelten. Ich nickte nur, um ihnen zu zeigen, daß ich ihren Standpunkt begriffen hatte, und ging in eine andere Richtung weiter. Ich wußte, daß es eine höhere Wahrheit zu entdecken gab und daß die Welten GOTTES kein Ende haben.

Gibt es tatsächlich Lehrer, die GOTT erfahren haben? Ja, ich kenne einige, denen diese Erfahrung zuteil geworden ist, denn ich erkenne die Schwingungsfrequenz dieser Seelen. Ihre Beschreibungen ihrer GOTTESerfahrung sind tapfere Versuche, etwas in Worte zu kleiden, was sich eigentlich jeder Beschreibung entzieht. In Kapitel 25 meines Buches *Erleuchtung und Meisterschaft* habe ich meine erste selbständige Erfahrung in den GOTTwelten in recht unbeholfene Worte gekleidet. Du mußt wissen, daß die Seele dazu bestimmt ist, GOTT zu erleben. Das ist die Verheißung der Seele – deine Verheißung. Wenn du dir dieses Ziel gesetzt hast, tust du gut daran, mit einem Lehrer zu arbeiten, der auch den Weg zu GOTT gegangen ist, und dich nicht mit etwas Geringerem zufriedenzugeben. Es gibt zwar nicht viele Lehrer oder Meister auf diesem Planeten, denen diese Erkenntnis zuteil geworden ist; aber wenn du willst, kannst du innerlich mit einem dieser Lehrer zusammenarbeiten. Du brauchst diese Bitte nur innerlich auszusprechen. Bitte den GEIST, das in dein Leben treten zu lassen, was zum jetzigen Zeitpunkt für deine spirituelle Entwicklung am besten ist. Wenn es dir jetzt nützen sollte, mit einem Meister zusammenzuarbeiten, der GOTTESerkenntnis erlangt hat, wird der GEIST dir dabei helfen.

Sollen wir den Weg allein gehen oder uns einer Gruppe anschließen? Es gibt Menschen, die hauptsächlich allein und unabhängig von anderen auf ihrem spirituellen Weg voranschreiten. Sie brauchen die Unterstützung einer Organisation oder Gruppe nicht. In der Regel sind diese Menschen in der Minderzahl. Doch sicherlich wird jeder von uns diese Unabhängigkeit irgendwann einmal am eigenen Leib erfahren. Die meisten Suchenden sehnen sich danach, mit anderen zusammenzusein, die sich ebenso abmühen wie sie selbst. Man wächst, wenn man seine Erfahrungen mit Gleichgesinnten teilen kann. Auch viele Lehrer gehören einer oder mehreren Gruppen an, von denen sie gelernt oder die sie sogar selbst ins Leben gerufen haben. Sie ermutigen einen dazu, ebenfalls beizutreten, weil sie wissen, daß man davon profitieren kann. Es ist eine wunderbare Art, etwas zu lernen, denn die einzelnen Mitglieder können ihre Informationen und Erfahrungen untereinander austauschen. Solange es eine Herausforderung für dich bedeutet, an der du wachsen kannst, gehöre ruhig der Gruppe an, die deiner Meinung nach für dich richtig ist. Aber du solltest dich von keiner Gruppe zurückhalten lassen, wenn du gehen willst. Viele Organisationen schüchtern ihre Mitglieder mit Horrorgeschichten ein: Sie behaupten, man würde negatives Karma auf sich laden und die Folgen rasch zu spüren bekommen, wenn man sie verläßt. In so einem Fall mußt du dir Gedanken über die Motive dieser Gruppe machen. Warum wollen sie dich einsperren? Warum können sie dir nicht die Freiheit lassen, deine eigenen Urteile zu fällen? Manche Lehrer und die Führer mancher Gruppen brauchen Anhänger zur Erhöhung ihres Selbstwertgefühls und zur Befriedigung ihres Machtbedürfnisses.

Manchmal vertrauen wir einer Gruppe zu vorbehaltlos oder lassen sie sogar zur Stimme und zu den Gefühlen unseres innersten Selbst werden, weil wir uns nach dem Verständnis, dem Trost und der Anerkennung sehnen, die man in einer solchen Organisation finden kann. Bist du von einem Lehrer oder einer Gruppe enttäuscht oder desillusioniert worden, weil man dort nicht nach der Lehre lebte, die man verkündete, versuche darin eine wichtige Lernerfahrung zu sehen – sie ist vielleicht bitter und schmerzlich, aber sehr wertvoll.

Warum scharen manche Lehrer Anhänger um sich und rufen Gruppen ins Leben? Tun sie das zum Nutzen ihrer Schüler oder zu ihrem eigenen Vorteil? Es ist ein großer Unterschied, ob jemand nur zuläßt, daß sich eine Gruppe um eine Lehre bildet, oder ob ein Lehrer Anhänger akzeptiert oder gar ermutigt, ihm zu folgen. Ich kann nicht alle Gründe nennen, die einen Lehrer dazu bewegen, Anhänger um sich zu scharen; aber es gibt auf jeden Fall verschiedene Motive. Es kann das Ego eines solchen Lehrers sehr aufblähen, wenn Leute sich von ihm führen lassen wollen. Jeder Lehrer muß sich immer wieder aufrichtig prüfen, damit sein Ego, seine Ichbezogenheit, nicht überhandnimmt. Manche Lehrer können ihr Ego besser meistern, andere weniger gut.

Die finanzielle und materielle Unterstützung, die ein Lehrer von seinen Schülern erhält, kann ebenfalls ein Grund sein. Das ist an sich weder etwas Positives noch etwas Negatives. Sicher ist es richtig, daß ein Lehrer für den Beitrag, den er zu deiner spirituellen Entwicklung leistet, eine gewisse Entlohnung erhält. Aber man darf ruhig fragen, wie hoch der Preis ist und welchem Zweck die Einkünfte letzten Endes zugeführt werden. Manchen Anhängern macht es nichts aus, wenn ihr Lehrer sich von dem Geld, das sie ihm einbringen, zu seinem persönlichen Vergnügen eine herrschaftliche Villa, arabische Rennpferde, eine Jacht oder einen Rolls Royce kauft. Aber sicherlich fragen sich andere, was für Motive ein solcher Lehrer wohl hat und an welchen Dingen er hängt. Wenn du einem Lehrer folgen möchtest, mußt du dir darüber klarwerden, wie du dazu stehst. Du kannst selbst entscheiden, ob du einen Lehrer finanziell unterstützen willst oder nicht.

Ich fragte einmal einen meiner Lehrer, warum Er es zuließ,

daß sich um Seine Lehre eine Gruppe bildete. Ich hielt mich damals nicht für einen Anhänger von Ihm; doch viele andere Schüler in der Gruppe betrachteten sich als Anhänger, und Er schien das zu akzeptieren. Er nahm mich beiseite, um mit mir zu sprechen, so daß es niemand anders hören konnte: «Hast du in meinen Worten keine Wahrheit erkannt?»

«Doch», sagte ich.

«Du brauchst die Unterstützung anderer Suchender nicht mehr, aber die anderen hier brauchen sie noch. Für sie gilt die gleiche Wahrheit wie für dich. Sie haben dieselbe Möglichkeit wie du, die Wahrheit zu erfahren, die ich entdeckt habe; aber sie brauchen vorläufig auch noch die Gemeinschaft und die Kraft der anderen Gruppenmitglieder. Würdest du ihnen das vorenthalten?»

«Nein.»

Er lächelte. «Jeder entfernt sich eines Tages von der Gruppe. Wir entdecken, daß weder die Gruppe noch der Lehrer uns Frieden schenken oder GOTT geben kann. Ich habe ihnen nie gesagt, daß sie dies irgendwo anders finden könnten als in ihrem eigenen Inneren. Doch sie werden es erst glauben, wenn sie es selbst entdeckt haben.»

Ich habe in diesem Leben vielen spirituellen Organisationen angehört. Doch immer, wenn ich mich einer Gruppe anschloß, beschlich mich fast sofort ein Unbehagen, das ich nicht abschütteln konnte. Ich bin kein Gruppenmensch – schon lange nicht mehr. Jeder Gruppe trat ich auf der Suche nach einer Antwort bei und verließ sie auf der Suche nach einer anderen Antwort. Ich bin zu dem Schluß gekommen, daß das ganz richtig so ist, denn eine Gruppe erfüllt ihren Zweck nur, solange sie dir dient. Wenn sie das nicht mehr tut, ist es Zeit, fortzugehen und woanders weiterzusuchen.

Ich nehme an, daß ich für einige Menschen die Rolle eines Lehrers spiele. Das ist zwar oft eine ungünstige Position; aber ich habe sie mir selbst ausgesucht. Warum? Ich hatte das Glück, vielen Lehrern zu begegnen, die mir sehr geholfen haben. Einer anderen Seele beim nächsten Schritt auf Ihrer spirituellen Reise weiterzuhelfen ist also das mindeste, was ich für GOTT tun kann. Ich gehe dabei anders vor als viele moderne Lehrer: Ich vertrete keine Gruppe oder Anhängerschaft und habe auch keine Organisation gegründet, der du beitreten könntest. Ich akzeptiere keine Anhänger, weil ich nicht führe. Ich liefere nur spirituelle Informationen und überlasse es jeder Seele selbst, ob Sie davon Gebrauch machen will. Ich vermittle meine Informationen durch Bücher, Tonbänder, Vorträge und innere Anleitung. Bei dieser Methode muß jede Seele selbst die Verantwortung für Ihr Handeln und Ihr inneres Wachstum übernehmen und ist nicht von einem Lehrer oder einer Gruppe abhängig. Diese Methode ist eindeutig nicht für jeden geeignet.

Ich bin allen meinen Lehrern persönlich dankbar für die Mühe, Zeit und Zuwendung, die Sie in mich investierten; aber mir ist auch klar, daß ich dem Lehrer häufig zu große Bedeutung beimaß und der Lehre zuwenig. Manchmal macht unsere emotionale und mentale Liebe zu einem Lehrer und unser Respekt vor Ihm uns so blind, daß wir die spirituelle Wahrheit, die direkt vor unseren Augen liegt, nicht erkennen. Zwar lehrt uns jeder erleuchtete Meister diese Wahrheit; doch oft wissen wir sie gar nicht zu würdigen, wenn wir sie hören.

Bei meiner Suche nach der Wahrheit habe ich entdeckt, daß jeder Mensch sich auf seinem ganz persönlichen Weg zur Selbst- und GOTTESerkenntnis befindet. Dein Weg ist für dich der einzige Weg zu GOTT. Du bestimmst selbst, welche Richtung du einschlägst. Wenn du einen spirituellen Meister um Unterstützung bittest, wird Er sie dir gewähren; aber Er wird vollauf respektieren, daß die Entscheidung für deinen Weg bei dir liegt. Ein Meister, der zur GOTTESerkenntnis gelangt ist, weiß, daß du auf deinem Weg allein bist – selbst mit Seiner Unterstützung. Er akzeptiert keine Anhänger und prüft niemals nach, wer Seinen Ratschlag befolgt. Er läßt dir immer völlige Freiheit und achtet dich.

Vielleicht wirst du Zeiten sehr intensiver Suche bei vielen verschiedenen Lehrern erleben und vielen Gruppen angehören. Dabei wirst du vieles lernen. Vielleicht brauchst du auch lange Ruhepausen, in denen du dich auf deinen Beruf oder deine Familie konzentrieren kannst. Auch daraus wirst du sicherlich lernen. Vielleicht hast du im Augenblick nicht das Gefühl, auf deinem Weg aktiv voranzuschreiten; aber der Weg und die Entdeckungen gehen trotzdem weiter.

Vielleicht stellst du auch eines Tages fest, daß du deine Suche aktiv wiederaufgenommen hast. Aber jetzt bist du allein, denn wer weiß schon, was du inzwischen alles durchgemacht hast? Wer könnte es begreifen? Es ist ein ganz persönlicher Weg, den dir niemand abnehmen kann; ein Weg voller privater Siege und Enttäuschungen. Aber was du auf diesem persönlichen Weg gewonnen hast, gehört für immer dir. Das kann dir niemand mehr nehmen, denn du hast es dir verdient. Und darin wirst du die innere Stärke finden, um deinen Weg fortzusetzen.

Lehrer können dir den Weg weisen, aber sie sind nicht der Weg. Stelle die Worte deines Lehrers stets in Frage, so wie alles, was dir im Leben begegnet, und finde die Wahrheit in deinem Inneren, auf deinem einmaligen persönlichen Weg.

7
Die Wunder der Meister

Es gibt einige sehr gute Biographien über das Leben großer Lehrer. Sie spornen uns an, weiter nach der Wahrheit zu suchen. Wir mögen es nicht offen zugeben, doch die meisten von uns möchten gern so sein wie diese spirituellen Wesen. Solche Bücher können aber auch eine einschüchternde Wirkung haben, weil wir uns einfach nicht vorstellen können, wie wir diese spirituellen Giganten jemals einholen sollen. Wir scheinen noch so vieles lernen, so viele Erfahrungen machen zu müssen. Und oft reichen unsere Erfahrungen bei weitem nicht an die Erlebnisse heran, von denen wir hören. Wir lesen vielleicht von Astralprojektion, Wunderheilungen, der Fähigkeit, an zwei Orten gleichzeitig zu sein, und anderen großen geistigen Fähigkeiten, die eine verwirklichte Seele angeblich besitzen kann. Können wir auch diese Ebene erreichen? Lesen wir diese Bücher einfach nur wie Romane, oder sollen wir die Ereignisse, die darin beschrieben sind, tatsächlich für möglich halten? Vielleicht sollten wir uns auch nach dem Wert von Wundern fragen. Angenommen, diese Kunststücke sind tatsächlich möglich – haben sie einen Sinn, oder führt man sie uns nur vor, um uns zu beeindrucken? Und wenn es solche übersinnlichen Fähigkeiten tatsächlich gibt –

können auch wir sie eines Tages entwickeln, selbst wenn wir gleichzeitig ein aktives Leben in der materiellen Welt führen? Wenn wir nicht in der Lage sind, solche übersinnlichen Kräfte zu entwickeln – heißt das dann, daß wir keine spirituelle Erkenntnis erreicht haben?

Dieses Thema hat mindestens zwei verschiedene Aspekte. Der eine Aspekt ist das Phänomen der unglaublichen Fähigkeiten, die manche Meister uns vorführen; der andere ist die spirituelle Verwirklichung, die ein solcher Meister erreicht hat. Ein Lehrer kann sehr wohl beide Aspekte in sich vereinen, doch sie bedingen sich nicht gegenseitig. Wunder machen noch lange keinen Meister aus, und spirituelle Verwirklichung hängt nicht davon ab, ob man Wunder wirken kann. Und doch faszinieren uns diese Geschichten natürlich, vor allem, wenn ein Lehrer beides erreicht hat.

Berichte von übermenschlichen Fähigkeiten westlicher Lehrer gibt es schon lange, aber die Geschichten über die Mystiker des Ostens haben uns wahrscheinlich am meisten erstaunt. Baird T. Spalding beschreibt in seinem fünfbändigen Werk *Leben und Lehren der Meister im fernen Osten* die Begegnungen, die er Ende des neunzehnten Jahrhunderts mit Meistern aus Indien, Tibet, China und Persien (dem heutigen Iran) hatte. Wenn man diese Berichte liest, gerät man leicht ins Staunen über die dort geschilderten Wunder, doch darunter kommt eine tiefe spirituelle Lehre zum Vorschein.

Einer der großen Lehrer der neueren Zeit war Paramahansa Yogananda. Sein Buch *Autobiographie eines Yogi* war seinerzeit die vielleicht beste einfache Einführung in das Denken und die spirituellen Praktiken des Ostens für westliche Leser. Er beschreibt darin Sein Leben und viele Erfahrungen, die Er persönlich mit Seinen Lehrern, Ihrer Weisheit und Ihren Fähigkeiten gemacht hat.

Yogananda erzählt in Seinem Buch zum Beispiel eine Geschichte, die er von Seinem Guru Sri Yukteswar erfahren hat:

wie der Freund Seines Guru – Rama – von deren gemeinsamem Guru Lahiri Mahasaya von den Toten erweckt wurde. Der Guru von Lahiri Mahasaya wiederum war Babaji, der angeblich jahrhundertelang einen physischen Körper besaß und nichts zu essen brauchte. Er hat viele Lehrer und spirituelle Meister bei Ihrer Arbeit unterstützt.

Zwei Lehrer, J. Donald Walters *(The Path)* und Roy Eugene Davis *(God Has Given Us Every Good Thing)*, sind persönlich von Yogananda unterwiesen worden und beschreiben in ihren hervorragenden Büchern nicht nur ihren persönlichen Weg und ihr Werk, sondern geben auch Insiderberichte über diesen großen Meister. Beide Autoren erwähnen die Fähigkeit Yoganandas, Dinge zu *wissen* und Menschen zu heilen.

Peddar Zaskq ist der spirituelle Name von Sri Paul Twitchell, der ebenfalls einer der großen Lehrer der jüngeren Zeit war. Ich habe viele Berichte von Wundern gelesen und gehört, die Paul wirkte, und hatte auch das Glück, mit Ihm zusammenarbeiten zu dürfen. Er hat viele Bücher über Seine Erfahrungen mit Meistern und über Seine eigenen Erkenntnisse geschrieben, unter anderem *Der Zahn des Tigers, The Far Country* und *Spirituelle Aufzeichnungen.* In diesen Büchern erzählt Er von Erfahrungen mit Meistern wie Gopal Das, Lai Tsi, Rebazar Tarzs und dem großen Meister Fubbi Quantz, der Seinen Körper unsterblich machte und über 2500 Jahre in einem Kloster in Nordtibet lebte. Rebazar Tarzs soll über fünfhundert Jahre im selben physischen Körper gelebt haben.

Ich weiß, daß manche dieser Geschichten für menschliche Begriffe und Maßstäbe schwer zu akzeptieren sind. Woher sollen wir wissen, ob diese Berichte auch wirklich stimmen? Ich bin Paul Twitchell, Rebazar Tarzs, Fubbi Quantz und anderen Meistern dieses Ranges tatsächlich begegnet und habe innerlich und äußerlich mit Ihnen zusammengearbeitet, weiß also aus eigener Erfahrung von Ihrer Existenz und Ihren Fähigkeiten. Man kann wohl sagen, daß das ein echter Beweis ist – vielleicht die einzige Möglichkeit, wirklich zu wissen, ob Wundergeschichten wahr sind oder nicht.

Paul und andere Autoren haben in Ihren Büchern viele noch andere Dinge berichtet, von denen ich nicht persönlich weiß, ob sie stimmen. Doch Menschen mit feinem Wahrnehmungsvermögen teilt sich durch manche Bücher so etwas wie ein Klang spiritueller Wahrheit mit. Wenn man solch ein Buch in die Hand nimmt, spürt man fast schon die positive Energie, die es ausstrahlt, und wenn man es liest, nickt man an vielen Stellen zustimmend mit dem Kopf. Bei den oben erwähnten Büchern und vielen anderen ist es mir so gegangen. Dieses innere Erkennen ist eine Stimme, die sagt: «Hier liegt Wahrheit.» Ich kann zwar nicht alle Behauptungen als Tatsachen akzeptieren, weil ich nicht immer die spezielle Erfahrung gemacht habe, die ich brauchen würde, um die Ansichten des Autors bestätigen zu können. Aber ich erkenne in den Worten des Autors die Essenz der Wahrheit. Das gilt übrigens auch für das Gegenteil: Lug und Trug und Hirngespinste spürt man oft schon, wenn man ein Buch in die Hand nimmt oder die Stimme eines Redners hört. Bei einigen sehr populären Büchern, die in den letzten Jahren erschienen sind, hatte ich diesen Eindruck. Aber das ist mein persönliches Urteil, das ich in meinen Erfahrungsschatz eingliedere. Du wirst dein eigenes Urteil fällen.

Azjur Ramini, einem der Meister, die GOTT erfahren haben, bin ich schon oft in meinem physischen Körper begegnet. Er erschien plötzlich an meiner Seite, wenn ich an einem Strand oder einem Bergpfad entlangwanderte. Auch in der Öffentlichkeit ist Er schon neben mir aufgetaucht, das kam allerdings selten vor. Sein Erscheinen erschreckte mich selten, denn ich hatte vorher schon so lange im Traumbewußtsein mit Ihm zusammengearbeitet. Es gibt viele Lehrer, die physische Körper besitzen und dennoch im Traumzustand mit dir arbeiten können.

Anfangs kannte ich Raminis persönliche Geschichte nicht,

bis ich mich an ein vergangenes Leben vor etwa hundertfünfzig Jahren erinnern konnte, in dem Er mein Meister gewesen war. Nach dieser Erfahrung dämmerte mir allmählich, daß Er damals schon genauso ausgesehen hatte wie jetzt. Zuerst glaubte ich, daß ich das Bild Seines Körpers vielleicht von einem Zeitpunkt auf einen anderen übertragen hatte – die Bilder also verwechselte –, aber ich war mir nicht sicher. Als ich Ihn das nächste Mal traf – wir saßen etliche Monate später in einer kalten Nacht in einer Kneipe in meiner Gegend bei einer Tasse heißem Tee zusammen –, fragte ich Ihn danach.

Da bestätigte Er mir, daß Er heute immer noch genauso aussieht wie damals. Er besäße immer noch denselben physischen Körper. Er sieht aus wie etwa fünfundvierzig, ist einen Meter achtzig groß, glattrasiert, hat eine olivfarbene Haut und dunkle Haare und kleidet sich sehr unterschiedlich. Wenn wir zusammen waren, trug Er immer westliche Kleidung, um sich unbemerkt unter die Menschen in unserer Umgebung mischen zu können. Er lächelt zwar oft, doch in Seinem ruhigen, gelassenen Gesichtsausdruck spiegelt sich Sein zurückhaltendes Wesen wider. In Seinen Augen liegt die unverkennbare Tiefe und das innere Licht, das man bei spirituellen Meistern häufig findet. Er ist eines der bescheidensten spirituellen Wesen, die mir je begegnet sind.

Ramini kam vor über dreihundert Jahren am Schwarzen Meer zur Welt. Das war Seine letzte physische Inkarnation auf dieser Welt. Das heißt, Er durfte, nachdem Er GOTT zum erstenmal erlebt hatte, entscheiden, wie Er Seine Arbeit fortsetzen wollte. Es stand aber fest, daß Er nie wieder dem karmischen Zyklus von Leben und Tod unterworfen sein würde. Er hätte sich entscheiden können, die physische Welt zu verlassen und in jedem beliebigen anderen Bereich der Schöpfung weiterzuwirken. Er hätte aber auch noch für den Rest einer sogenannten normalen Lebensdauer in Seinem Körper bleiben und dann in einem anderen Bereich arbeiten können, oder Er hätte Seinen jetzigen Körper auf unbegrenzte Zeit behalten können, um in dieser Welt zu wirken. Er beschloß, Seinen physischen Körper beizubehalten. Aber natürlich kann Er jederzeit selbst entscheiden, was Er tun möchte, und Er kann Seine Pläne auch den Erfordernissen entsprechend ändern.

Mir fehlt die unmittelbare Erfahrung, um mich für Sein tatsächliches Alter verbürgen zu können, aber immerhin weiß ich, daß ich damals in einem vergangenen Leben mit Ihm zusammengearbeitet habe, und dieses Leben läßt sich zeitlich ziemlich genau festlegen. Ich kann mit Sicherheit und aus meiner eindeutigen Erinnerung heraus sagen, daß Er wirklich derselbe Lehrer in demselben physischen Körper ist, den ich damals kannte. Da ich Ramini als einen durch und durch wahrhaften Menschen kenne und mich an unsere Vergangenheit so genau erinnere, gibt es für mich keinen Grund, zu bezweifeln, was Er mir von Seinem Leben erzählt hat. Seine Einstellung dazu ist ganz einfach: Es geht nicht um Ihn, sondern um GOTT! Seine Lebensumstände sind für Ihn nichts weiter als Belanglosigkeiten, und deshalb läßt Er Sich kaum auf Gespräche darüber ein, obwohl ich sie faszinierend fand.

Jetzt lebt Er an einem sehr entlegenen Ort in den Bergen des Kaukasus nördlich von Tiflis. Dieses Gebiet verläßt Er in Seinem physischen Körper selten. Ich konnte Ihm nur begegnen, weil Er für unsere Treffen ein Bild Seines Körpers erschaffen hat. Das bezeichnet man als «Fähigkeit, an zwei Orten gleichzeitig zu sein», doch in diesem Fall ist daran auch eine Nachahmung eines Körpers beteiligt. Dabei kann der Meister nach Belieben einen Körper manifestieren, der ebenso aussieht und sich ebenso anfühlt wie Sein eigentlicher Körper und den Er als Gefäß für das Schwingungsbewußtsein Seiner Seele, Seines Geistes und Seiner Emotionen benutzt. Sein eigentlicher Körper ruht während dieser Zeit meistens. Doch der nachgeahmte Körper kann auch in Aktion treten, während Er bei vollem Bewußtsein ist, sich also in einem Zustand zweifachen Bewußtseins befindet. Als Er mir das erklärte, hatte ich das intensive Bedürfnis, die Hand auszustrecken und nach Seinem Arm zu greifen, um festzustellen, ob er sich fest anfühlte. Ramini konnte zweifellos meine Gedanken lesen, denn Er lachte und forderte mich auf, Seinen Arm ruhig zu betasten. Er fühlte sich tatsächlich ganz fest an.

Im Seelenbewußtsein, das sich vom *Wissen* leiten läßt, habe ich Ihn schon dort besucht, wo Er lebt, und ich zweifle nicht daran, daß ich Ihn auch in meinem physischen Körper besuchen könnte. Ich müßte mir nur Zutritt zu dieser Region verschaffen, die bis vor kurzem noch zur Sowjetunion gehört hat.

In *God Has Given Us Every Good Thing* beschreibt Roy Eugene Davis seine Beobachtung, wie Sai Baba, ein bekannter indischer Lehrer, materielle Gegenstände aus dem Nichts heraus manifestierte. Tausende von Menschen waren schon Zeuge dieser Wunder. Ich habe gehört, Seine spirituelle Lehre sei voller Inspiration und Einsichten; doch immer, wenn Sein Name fällt, kommt das Gespräch unweigerlich auf Seine Wunder. Da wir uns naturgemäß zu solchen Phänomenen hingezogen fühlen, fällt es uns schwer, über die Wunder hinauszublicken.

Ich habe nichts dagegen, wenn ein Lehrer sich entscheidet, in aller Öffentlichkeit Wunder zu wirken, denn ich lasse jeder Seele die Freiheit Ihres Bewußtseins, ohne Sie zu beurteilen. Aus meiner Erfahrung kann ich jedoch sagen, daß man wenig dabei gewinnt, wenn man übersinnliche Fähigkeiten offen zur Schau stellt. Nach dem ersten Wunder will die staunende Menschenmenge mehr sehen – und dann immer noch mehr. Und die geistige Botschaft, die hinter diesen Wundern steht – falls es eine gibt –, wird kaum noch gehört. Die Menschen konzentrieren sich auf das Wunder. Doch sicherlich gibt es zu diesem Thema auch eine gegenteilige Meinung, die ebenso überzeugend ist. Die meisten Meister, mit denen ich persönlich zusammengearbeitet habe, sind nicht bereit, auf Wunsch Wunder zu vollbringen. Sie sind zu sehr mit Ihrer spirituellen

Arbeit beschäftigt, um das Risiko einzugehen, als eine Art Alleinunterhalter angesehen zu werden und sich dann noch mit der Verwirrung auseinandersetzen zu müssen, die entstanden ist, weil die Menschen über den Wundern die Botschaft aus den Augen verloren haben.

Das Geheimnis aller großen spirituellen Meister besteht darin, daß Sie völlig im Augenblick leben, weil Sie *wissen* und in dem Wissen leben, daß GOTT IST. In Ihrem spirituellen Bewußtsein befinden Sie Sich mit dieser Tatsache im Einklang, und deshalb sind Sie mit allem im Einklang, was ist – mit der ganzen Schöpfung! Da GOTTES Ziel im Augenblick darin besteht, der Seele zu helfen, Sich Ihres wahren Selbst bewußt zu werden, steht die ganze Schöpfung bereit, um diese Mission zu vollbringen.

Spirituelle Wunder haben zwei Aspekte: Einerseits sind sie rein mechanische übersinnliche Handlungen, andererseits die spirituelle Reflexion eines Zustandes, in dem man mit der ganzen Schöpfung *eins ist.* Diese beiden Aspekte werden leicht miteinander verwechselt.

Wundertaten beruhen meist auf angeeigneten paranormalen Fähigkeiten, die nicht allzuschwer zu lernen sind. An sogenannten normalen und wissenschaftlichen Maßstäben gemessen, ist es zwar erstaunlich, doch man kann lernen, Gedanken zu lesen, sein inneres Bewußtsein an weit entfernte Orte zu verlagern, Auren zu erkennen, Menschen zu heilen, Gegenstände zu manifestieren und vieles andere. Jeder Meister besitzt Gaben, die Er schon in früheren Erfahrungswelten gepflegt und weiterentwickelt hat, und deshalb beherrscht Er einige dieser Künste gut, andere weniger gut. Normalerweise sieht der Lehrer diese Fähigkeiten ganz nüchtern als eines von vielen Werkzeugen, die Ihm bei Seiner Arbeit helfen können.

Wunder machen noch keinen Meister aus. Metaphysische Fähigkeiten sind kein Zeichen spiritueller Erkenntnis. Sie deuten nur darauf hin, daß jemand bestimmte Techniken erlernt hat. Ich habe die meisten gerade erwähnten Aktivitäten erlernt, ausgeübt und bin inzwischen wieder aus der Übung.

Der Meister kann aufgrund Seiner Bewußtseinsebene und durch enge Zusammenarbeit mit dem GEIST auch innerlich Aktionen bewirken, die weit über bloße erlernte und übersinnliche Fähigkeiten hinausgehen. Das sind die wahren Wunder eines Meisters, die Er wirkt, wenn Er bei Seiner Arbeit Sein GOTTESbewußtsein und Seinen Einklang mit GOTT zum Ausdruck bringt. Diese Aktionen laufen meist im Unsichtbaren ab und werden der Öffentlichkeit nur selten offenbar. Sie beruhen auf den Mechanismen des Lebens auf diesem Planeten und in den inneren Welten GOTTES – und auf einer inneren Zusammenarbeit mit dem Bewußtsein von Seelen, die Sich von diesen Meistern leiten lassen. Sie haben uns alle auf diesem Planeten auf vielerlei Art und Weise unterstützt, und wir haben Ihnen viel zu verdanken. Die meisten Menschen wären erstaunt, wenn sie erführen, welche Wunder einige Lehrer in der letzten Zeit «hinter den Kulissen» gewirkt haben.

Der Meister macht Sich einfach alles zunutze, was da ist, um Sein Werk zu vollbringen. Für Ihn gibt es keinen Unterschied zwischen dem Praktischen und dem Mystischen. Die inneren Welten und die materiellen Welten sind für Ihn eins. Sie unterscheiden sich zwar in ihrem Wesen voneinander, sind aber insofern miteinander identisch, als sie eine Möglichkeit für Ihn darstellen, Sein Werk zu vollbringen. Wenn Er zum Beispiel dreißig Kilometer zurücklegen müßte, um einen Vortrag zu halten, würde Er wahrscheinlich in ein Auto oder einen Bus steigen. Wenn es kein Auto und keinen Bus gäbe, würde Er sich wohl entscheiden, zu Fuß zu gehen. Aber wenn auch das nicht ginge und Er dringend zu dem Vortrag müßte, dann würde Er vielleicht eine Imitation Seines Körpers manifestieren oder Seinen physischen Körper auf übersinnlichem Weg an Seinen Bestimmungsort bringen.

Wenn ein Meister beschließt, ein neues Buch über Seine

spirituellen Lehren zu veröffentlichen, schnippt Er nicht einfach mit den Fingern, und schon erscheint das Buch in den Buchhandlungen und in den Händen der Leser. Und Er wartet auch nicht darauf, daß der GEIST dieses Wunder für Ihn vollbringt. Nein, Er gliedert sich in das Vertriebssystem des Verlagsgeschäfts ein, indem Er den Großhandel und die einzelnen Buchhandlungen über Sein Buch informiert. Schließlich bestellen sie es, und erst dann geschieht das Wunder: Der richtige Leser findet das richtige Buch genau in dem Augenblick, in dem er es braucht. Meister sind sehr einfache, praktisch denkende Menschen. Der Meister lebt in Seinem Verständnis der Welten GOTTES – das kannst auch du tun! Falls du eine übersinnliche Technik erlernen möchtest, dann tue es. Lerne und übe sie. Bringe dich innerlich mit dieser Handlung in Einklang, dann wirst du dazu in der Lage sein. Das ist nicht schwierig.

Du solltest allerdings wissen, daß es sehr viel mehr innere Geheimnisse gibt, die du dir erschließen kannst. Die Bewußtseinsebene, die du in diesem Augenblick erreicht hast, ist das Ergebnis vieler, vieler Jahre und unzähliger Existenzen, in denen du deine Erfahrungen gesammelt hast. Du beginnst dein Leben heute mit den gleichen Möglichkeiten und Verheißungen wie diese großen spirituellen Lehrer. *Du bist Seele!* Im Seelenbewußtsein weißt du vielleicht schon mehr, als deinem Verstand bewußt ist.

Viele Menschen sind in der Illusion befangen, metaphysische Fähigkeiten seien ein Beweis für spirituelles Bewußtsein. Entscheide selbst, was für dich auf deinem Weg im Augenblick wichtig ist. Wenn du dein wahres Selbst *kennst* und dir das Versprechen erfüllst, daß deine Seele GOTT *kennenlernen* kann, dann wirst du zu vielen wunderbaren, geheimnisvollen Welten Zugang finden. Und du wirst auch entdecken, daß es eine herrliche spirituelle Erfahrung sein kann, aktiv in dieser Welt zu leben. Diese Welt gehört zu den vielen, vielen spirituellen Welten GOTTES. Dieses Leben *jetzt in diesem Augenblick* ist eine wertvolle Chance für dich, zu erkennen, wer du bist. Du bist Seele! Du bist das größte Wunder GOTTES; und wenn du das erkennst, entdeckst du, daß GOTT das allergrößte Wunder ist, das es gibt.

8
Vollkommenheit

Vielleicht entstand die Idee der spirituellen Vollkommenheit im Osten mit den Lehren des Buddhismus und Hinduismus. Aus dieser Sicht ist Vollkommenheit der Erkenntnisstand eines Menschen, der sich innerlich entfaltet hat und mit GOTT eins geworden ist. Als geistiges Konzept finde ich diese Definition auch nicht falsch. Doch wenn wir sie mißverstehen und glauben, um mit GOTT eins werden zu können, müßten wir an unserem Körper, unserem Geist und unseren Emotionen vollkommen sein, dann beeinträchtigt diese Vorstellung uns sogar im täglichen Leben. Irrtümlicherweise – und oft unbewußt – streben wir in allen Bereichen unseres Lebens nach völliger Perfektion. Das kann viel Streß und Enttäuschungen mit sich bringen.

Ein vollkommenes Leben ist ein geistiges Konzept von einem Zustand, den es im tatsächlichen menschlichen Verhalten nicht gibt. Perfektionismus ist also eine Art Zwangsvorstellung, die nach einer hohen mentalen Ebene der Erhabenheit oder Fehlerlosigkeit strebt. Dieses Streben entspringt unserem Ego – jenem Teil unseres Geistes, der ursprünglich hauptsächlich dem Überleben diente.

Wenn du akzeptierst, daß alles von GOTT geschaffen und

daher schon in sich vollkommen ist, dann hast du, verstandesmäßig betrachtet, recht – allerdings mit der Einschränkung, daß die Schöpfung viel größer ist als der menschliche Verstand und nicht aus ihm entstanden ist. Vollkommenheit ist ein verstandesmäßiges Konzept, und die Schöpfung reicht weit über unseren Verstand hinaus.

Mit der Idee der spirituellen Vollkommenheit ist ein Zustand gemeint, in dem die Seele sich GOTTES bewußt wird. Diese spirituelle Erkenntnis findet jenseits unseres Verstandes statt. Der menschliche Verstand hat eine Vorstellung von einem Ereignis, eine Idee von einer Erkenntnis, ohne die dazugehörige unmittelbare Erfahrung gemacht zu haben. Daher existiert Vollkommenheit nur in unserem Verstand. Die Einheit mit GOTT, GOTTESerkenntnis oder GOTTverwirklichung, ist eine Realität, die die Seele zwar direkt *erfahren* kann; aber unser Verstand wird Mühe haben, zu begreifen, was da eigentlich geschehen ist.

Eine praktische Anwendungsmöglichkeit des Konzepts der spirituellen Vollkommenheit besteht darin, in seinem Leben nach Gleichgewicht zu streben und nicht nach Perfektion. Man bezeichnet diese Methode auch als den «Mittelweg». Am bekanntesten wurde sie durch die Lehren Buddhas, der vor ungefähr 2500 Jahren lebte. Er kam in Nepal unter dem Familiennamen Gotama (Sanskrit: Gautama) zur Welt; der Beiname «Buddha» bedeutet «erwacht» oder «der Erwachte». Diesen Namen erhielt er, nachdem er zur Erkenntnis seines höheren Wesens erwacht war und den Sinn seines Lebens erkannt hatte. Historisch gesehen ist uns seine Lebensgeschichte nicht genau überliefert. Anfangs wurden seine Biographie und seine Lehren durch mündliche Berichte und Erinnerungen von Generation zu Generation weitergereicht. Erst drei- oder vierhundert Jahre nach seinem Tod hielt man seine Lehren und sein Leben dann schriftlich fest.

Es heißt, daß er der materiellen Welt entsagt hat, um mit den Einsiedlern und Wandermönchen in den Wäldern zu leben und herumzuwandern. Sein Ziel war Vollkommenheit. Aus den buddhistischen Schriften geht hervor, daß er zeitweise aufhörte zu atmen und kaum etwas aß. Er versuchte die Antworten auf seine Fragen an das Leben durch extreme Entsagung zu finden, kam aber letzten Endes zu dem Schluß: «Es muß einen anderen Weg zur Weisheit geben.» Diese Erkenntnis hat man als den «Mittelweg» bezeichnet. Man muß der Welt nicht völlig entsagen, um die spirituelle Wahrheit zu entdecken; andererseits findet man sie aber auch nicht durch das Haften an materiellen Dingen, seinen Emotionen oder seinem Verstand. Das Buch *The Buddha* von Michael Carrithers z. B. vermittelt einen tieferen Einblick in die Geschichte und die wichtigsten Lehren Buddhas. Ein anderes sehr gutes Buch, in dem ein Leben beschrieben wird, so wie Buddha es geführt haben könnte, ist *Siddhartha* von Hermann Hesse.

Die Lehre vom «Mittelweg» begann jedoch nicht erst mit Buddha. Spirituelle Meister lehren schon lange, daß in unserer Welt das Prinzip des Dualismus herrscht. In den GOTTwelten ist der GEIST nur eine einzige Kraft, doch in den materiellen Welten spaltet Er Sich in zwei Strömungen auf. Die Menschen haben diesen zwei Kräften viele verschiedene Namen gegeben: positiv und negativ, Yin und Yang, hell und dunkel und so weiter. Diese Kräfte sind in ihren Auswirkungen ziemlich mechanisch, obwohl der GEIST eine *bewußte* Kraft ist, die Macht, Wissen und spirituelle Liebe beinhaltet. Hier in dieser Welt begegnet uns der GEIST in Form von zwei Kräften, die Konflikte erzeugen, damit wir gezwungen sind, Entscheidungen zu treffen, die letzten Endes unser inneres Wachstum fördern.

Es ist auch gelehrt worden, daß man nicht durch eine dieser beiden Kräfte zu GOTT gelangt, sondern auf dem Mittelweg – indem man beide Kräfte in seinem Inneren ins Gleichgewicht bringt. Man muß beginnen, den positiven und den negativen Aspekt des Lebens in der ganzen Schöpfung und auch in sich selbst zu erkennen. Wenn man sich nur an einen dieser beiden

Aspekte klammert, schränkt man sein Bewußtsein ein und handelt gegen das Wesen der Welt. Unser Körper, unsere Emotionen, unser Verstand, unser Universum und alle materiellen Welten GOTTES benutzen beide Kräfte, um die atomaren Strukturen in Bewegung zu halten.

Der Mittelweg bedeutet *Gleichgewicht*. Vielleicht kannst du dir dieses Gleichgewicht bildlich vor Augen halten, indem du dir auf deiner Fingerspitze einen Bleistift vorstellst. Wenn man genau die Mitte des Bleistifts findet, kann man ihn auf der Fingerspitze balancieren. Wenn man den Finger leicht bewegt, wird der Bleistift sich abwechselnd zum einen und dann zum anderen Ende neigen. Du wirst feststellen, daß es einen gewissen Bewegungsspielraum gibt, den er ausschöpfen kann, ehe er vom Finger herunterfällt. Das ist Gleichgewicht. Wir durchlaufen in unserem Leben ein breites Spektrum an Gefühlen, körperlichen Veränderungen, geistigen Schwankungen und spirituellen Hochs und Tiefs. Das ist auch ganz richtig so. Nur wenn wir uns zu extrem in die eine oder andere Richtung bewegen, geraten wir aus dem Gleichgewicht.

Emotional macht man hin und wieder Zeiten der Trauer und des Kummers durch, oder man empfindet Glück und große Freude, doch meistens fühlt man sich in seiner Mitte und ist einfach zufrieden mit seinem Leben – weder extrem glücklich noch extrem unglücklich. Trauer und Glücklichsein sind ein wichtiger Ausdruck der inneren Veränderungen in uns. Man muß sie akzeptieren und zu würdigen wissen. Erst wenn wir uns extrem traurig oder glücklich fühlen und diese Empfindungen nicht mehr unter Kontrolle bringen können, sind wir aus dem Gleichgewicht geraten.

Was den Verstand angeht, leiden wir normalerweise weder an zwanghaften Vorstellungen, noch sind wir völlig desinteressiert an dem Leben um uns herum. Wir konzentrieren uns auf die Aufgabe, mit der wir gerade beschäftigt sind, und doch sind wir jederzeit bereit, unsere Aufmerksamkeit nach Belieben auf etwas anderes zu verlagern.

Der Körper dient uns als Hilfsmittel, mit dem wir unsere Erfahrungen machen, und wir tun gut daran, ihn einsatzbereit zu halten. Man weiß intuitiv, was der Körper braucht, und wenn wir den Kontakt zu diesem inneren Gespür nicht verlieren, werden wir uns so ernähren, wie es zu unserer Lebensweise paßt. Wenn wir Raubbau mit unserer Gesundheit treiben, indem wir uns gar nicht bewegen, unseren Körper und unsere Emotionen nach Koffein, Zucker und Nikotin süchtig werden lassen oder wenn wir von der Idee besessen sind, daß unser Körper der Vorstellung anderer von vollkommener Gesundheit und sexueller Attraktivität entsprechen muß – dann haben wir unser Gleichgewicht verloren.

Der spirituelle Weg besteht einfach darin, sich seines wahren Selbst bewußt zu werden. Der Körper, die Emotionen und der Geist sind Werkzeuge, die uns auf dieser Reise begleiten. Der aktive, bewußte Weg hat nichts mit einem Wettrennen zu tun, bei dem es darauf ankommt, wer zuerst die meisten Informationen beisammen hat, und er ist auch nicht die Illusion, alles Wissen erlangt zu haben, das es gibt. Man muß ihn einen Schritt nach dem anderen gehen, langsam und in innerem Frieden. Man muß den Augenblick zu würdigen wissen, der vor einem liegt – denn dieser Augenblick ist das einzige, was man völlig unter Kontrolle hat.

Das große und einfache Geheimnis aller Zeiten lautet: Spirituell zu leben bedeutet einfach, ein inneres Leben zu führen, das sich nach außen in der materiellen Welt ausdrückt. Im Gegensatz zum christlichen Glauben ist es beim spirituellen Leben nicht so, daß man ein bestimmtes Ziel erreichen muß, und dann folgt der große Friede und die ewige Weisheit. GOTT hat keine Grenzen – wie können wir also glauben, daß es einen festgelegten Punkt gibt, zu dem wir gelangen müssen, und dann hätten wir alles erreicht? GOTT dehnt sich in SEINER Macht und Liebe immer weiter aus, und deshalb wird es auch für immer einen weiteren Entdeckungsschritt auf dem spirituellen Weg geben, den du und ich gehen müssen.

Selbst der spirituelle Meister, der GOTT bereits erfahren hat, wächst immer noch tiefer in die GOTTwelten hinein.

Wenn du das weißt, ist es dann nicht klüger, gemäßigt auf deinem Weg voranzuschreiten? Das Leben liegt in diesem Augenblick, und es gibt keine bessere Gelegenheit, alles zu entdecken, was vor dir liegt, als *das Jetzt. Halte dein Leben im Gleichgewicht.*

9
Tränen und Liebesmühe

Wahrscheinlich mußt du arbeiten, um dir deinen Lebensunterhalt zu verdienen. Das ist nichts Außergewöhnliches. Wenn du weißt, warum du arbeitest, und ein harmonisches Gleichgewicht zwischen deinem Bedürfnis nach materiellem Überleben und deiner Sehnsucht nach spiritueller Erkenntnis schaffst, dann lebst du dein Leben voll und ganz. Manchmal empfindest du das als eine erstaunliche Leistung, aber du *bist* ja schließlich auch ein erstaunliches spirituelles Wesen, das seinen Geist und seinen physischen Körper unter Kontrolle hat und benutzt, um in dieser Welt Erfahrungen zu sammeln. Du kannst durchaus ein Gleichgewicht zwischen deinen praktischen Lebensaufgaben und deinen spirituellen Zielen finden. *Gleichgewicht erreicht man durch die Erkenntnis, daß jeder Augenblick eine spirituelle Erfahrung und jede Handlung ein Ausdruck deines spirituellen Bewußtseins ist.*

Ja, es gibt viele Möglichkeiten, sich seinen Lebensunterhalt zu verdienen. Und man kann die berufliche Aufgabe, für die man sich entschieden hat, aus den verschiedensten Blickwinkeln betrachten.

Bist du mit deiner Arbeit glücklich? Wenn du diese Frage mit Ja beantworten kannst, dann hast du zu einem Gleichgewicht zwischen deinen Aufgaben und deinen Absichten gefunden – das heißt, du hast eine Vorstellung davon, wer du bist und was du in diesem Leben erreichen willst. Wenn die Antwort nein lautet, hast du dieses Gleichgewicht noch nicht erreicht. Aber das ist kein Grund zum Verzweifeln. Daß du mit deiner Arbeit unglücklich bist, bedeutet noch lange nicht, daß du nicht über die Fähigkeiten oder Hilfsmittel verfügst, um glücklich zu sein. Es zeigt nur, daß du sie im Augenblick noch nicht ins Gleichgewicht gebracht hast. Durch eine einzige blitzartige Erkenntnis kann sich das ändern!

Warum arbeiten wir? Fast jeder Mensch wird darauf antworten, daß er arbeitet, um Geld zu verdienen, um sich seine physischen Bedürfnisse erfüllen und die Annehmlichkeiten leisten zu können, die man eben braucht; aber das ist selten der einzige Grund. Wenn es das wäre, würde es uns ja gar nicht kümmern, was für einer Arbeit wir nachgehen, solange sie uns nur das erforderliche Einkommen bringt. Wenn wir uns über die Gründe Gedanken machen, warum wir arbeiten oder nicht arbeiten, stoßen wir häufig auf eine verborgene Vorstellung, die uns am Glücklichsein hindert.

Geld ist das Hilfsmittel, das wir benutzen, um zu bekommen, was wir brauchen. Was brauchen wir eigentlich? Essen und ein Dach über dem Kopf. Ist das nicht genug? In unserer westlichen Kultur reicht es den Menschen nicht mehr, diese Grundbedürfnisse zu befriedigen; wir wünschen uns auch Komfort. Gegen Komfort oder Wohlstand ist grundsätzlich nichts einzuwenden. Geld an sich kann weder etwas Positives noch etwas Negatives sein. Es ist nur ein Werkzeug, das wir einsetzen können, wie wir wollen. Sich Annehmlichkeiten zu wünschen, ist nicht falsch, sondern etwas ganz Normales. Wir brauchen eine gewisse Summe Geldes, um unsere Miete bezahlen und uns etwas zu essen kaufen zu können, und wieviel brauchen wir noch? Es gab schon Zeiten, in denen ich viel Geld hatte; aber ich habe auch Zeiten erlebt, in denen ich wenig besaß. Und ich kann euch verraten: Das Leben ist viel leichter, wenn man Geld hat. Ich glaube zwar nicht, daß «leichter» unbedingt auch besser ist, aber Geld schirmt einen vom unmittelbaren Kampf ums Überleben ab. Bringe deine Bedürfnisse und die Mittel, die dir zur Verfügung stehen, ins Gleichgewicht, dann wirst du auch materiell einen Mittelweg gehen.

Zu einer gewissen Zeit in meinem Leben wohnte ich in einem alten Auto, arbeitete sechzehn Stunden am Tag in zwei verschiedenen Berufen und mußte auch noch zweimal in der Woche Blut spenden, um überleben zu können. Ich kaufte mir nur das billigste Weißbrot und den billigsten Hühnersalat, den es gab. Das Brot und der Salat mußten eine Woche lang reichen für jeweils zwei Mahlzeiten pro Tag. Damals war ich gerade geschieden, hatte viele Schulden und zwei Töchter zu versorgen. Diese düstere Zeit dauerte fast ein Jahr. Aber ich sah ein, daß ich mich durch mein Handeln selbst in diese Situation gebracht hatte und daß ich mir nun auch Mühe geben mußte, da wieder herauszukommen. Weil ich wenig Zeit und erst recht kein Geld für die Annehmlichkeiten des Lebens hatte, erinnerte ich mich wieder daran, was wirklich wichtig ist – nämlich mein Bild von mir selbst und meine Sicht des Lebens, und keine materiellen Dinge. Besitztümer hatten mich noch nie glücklich gemacht, obwohl ich mich eine Zeitlang an diese Illusion geklammert hatte. Wenn ich mich mit «Dingen» umgab, hatte ich das Gefühl, meiner Familie ein guter Versorger und in dieser Welt erfolgreich zu sein. Und ich dachte, wenn ich meine Familie gut versorgte und einen erfolgreichen Eindruck machte, würde ich mir dadurch die Liebe einer Frau und meiner Kinder und den Respekt und die Bewunderung der Gesellschaft verdienen – dann *wäre* ich jemand. Ich entschädigte mich mit materiellen und emotionalen Objekten für das, was mir innerlich fehlte. Heute bin ich froh, daß ich diese finanziellen und emotionalen Entbehrungen durchgemacht habe, auch wenn das damals schwierig, ja sogar beängstigend für mich war.

Du mußt begreifen, daß du kein Anrecht darauf hast, mehrere Autos und Häuser zu besitzen und immer nur die schönsten Kleider zu tragen. Das ist nur ein Wunsch von dir, und du mußt dir deine Wünsche mit den Mitteln erfüllen, die dir zur Verfügung stehen. Dazu gibt es natürlich viele Möglichkeiten, aber nehmen wir einmal an, du entscheidest dich für einen legalen Weg: Dann wirst du dir erst einmal darüber klarwerden, was du vom Leben erwartest, und überlegen, welcher Beruf dir das Einkommen einbringen könnte, das du dazu brauchst. An sich klingt das ganz logisch, aber es ist erstaunlich, wie viele Menschen in ihrem Leben furchtbar unglücklich sind, weil sie weniger haben als andere. Sollten sie dann nicht bereit sein, etwas zu tun, um sich diese zusätzlichen Annehmlichkeiten zu verdienen? Ganz eindeutig haben viele dazu einfach nicht das Talent. Da ich in einem Kreditunternehmen gearbeitet habe, weiß ich, wie wenig Geld viele Leute übrig haben. Den größten Teil ihrer Einkünfte brauchen sie zum Leben und um ihren finanziellen Verpflichtungen nachzukommen, und doch wollen sie immer noch mehr haben, solange sie es irgendwie finanzieren können. Wieviel brauchen wir, um zufrieden zu sein?

Ich werde niemals vergessen, was ich vor ein paar Jahren im Fernsehen in den Nachrichten sah: Eine siebenköpfige Familie, die in einer verfallenen Wohnung in Chicago lebte, hatte schon seit einem halben Jahr keine Miete mehr bezahlt. Nachdem das Elektrizitätswerk die Familie monatelang immer wieder ermahnt hatte, ihre Rechnungen zu bezahlen, war es gezwungen, den Leuten das Gas abzudrehen, so daß sie nicht mehr heizen konnten. Es war November, und Vater, Mutter und fünf kleine Kinder, alle unter zehn Jahre alt, kauerten dicht zusammengedrängt unter einer Decke. Der Vater erklärte dem Fernsehreporter: «Ich finde keine Arbeit. Wir haben ein Recht darauf, es in unserer Wohnung warm zu haben – jemand sollte etwas für uns tun!» Die Kinder taten mir leid, aber der Vater und die Mutter nicht. War der Vater wirklich bereit, alles zu tun, was er konnte, um Geld für seine Familie zu verdienen? Ich weiß es nicht. Aber ich weiß aus eigener Erfahrung: Wenn jemand unbedingt arbeiten will, dann findet er auch irgendwie irgendeine Arbeit.

Natürlich gibt es Umstände, die unser Leben drastisch verändern und die wir nicht unmittelbar unter Kontrolle haben. Doch die meisten Nöte rühren daher, daß wir uns über die Konsequenzen unserer Handlungen nicht im klaren sind. Wir denken nicht darüber nach, daß das, was wir jetzt tun, wahrscheinlich Auswirkungen auf die Zukunft haben wird. Es ist dumm, mehr Kinder in die Welt zu setzen, als man ohne fremde Hilfe ernähren kann, und dann zu erwarten, daß die Gesellschaft für sie sorgt. Natürlich ist mir klar, daß niemand sich gern vorschreiben läßt, wann er Kinder bekommen soll und wie viele. Aber ist es verantwortungsbewußt, Kinder in die Welt zu setzen, nur weil man physisch dazu in der Lage ist oder weil alle anderen Leute es auch tun, und dann hinterher festzustellen, daß man sich weder die Kinder noch gleichzeitig die Annehmlichkeiten leisten kann, die alle anderen Menschen zu haben scheinen? Für jemanden, der versucht, eine Leere in seinem Inneren zu füllen, können auch Kinder ein Besitz sein. Solche Kinder werden häufig zu Opfern der Verantwortungslosigkeit ihrer Eltern. Leider lernen sie diese Verantwortungslosigkeit gleichzeitig von ihren Eltern, und so vererbt sich das gleiche Verhaltensschema oft über Generationen weiter. Ich denke dabei nicht nur an rassische oder andere Minderheiten. Auch in Familien der Mittelklasse ist dieses Verhaltensmuster auf der ganzen Welt häufig zu finden. Solche karmischen Handlungen dienen zwar dazu, uns aus den Konflikten, mit denen wir konfrontiert werden, lernen zu lassen, so daß jeder letzten Endes etwas dabei gewinnt; aber wir haben grundsätzlich immer die Wahl. Dein Leben braucht nicht so zu sein, wie es jetzt ist. Wie willst du dich auf deinem spirituellen Weg weiterentwickeln? Dein Lebensweg *ist* dein spiritueller Weg. Werde dir darüber klar, was du vom

Leben erwartest, welchen Grad an Komfort du dir wünschst. Wie hoch muß dein Einkommen sein, damit du dir das leisten kannst? Lebe im Rahmen deiner Verhältnisse.

Was für eine Arbeit ist gut für dich? Das weißt du oft erst, nachdem du viele verschiedene Berufe ausprobiert hast. Jede Person hat andere Fähigkeiten und einen anderen Charakter. Ein Beruf bedeutet nicht nur Geld, er trägt auch zu dem Bild bei, das wir von uns selbst haben. Durch unsere Arbeit bekommen wir ein ganz bestimmtes Bild von uns und auch eine Vorstellung davon, wie andere Menschen uns sehen. Wie wichtig ist dieses Bild? Das mußt du selbst entscheiden. In manchen New-Age-Kreisen wird von «spiritueller Arbeit» gesprochen. Das heißt, das Ziel besteht darin, eine Arbeit zu finden, die dem spirituellen Bild entspricht, das man innerlich von sich hat. Das ist gut, solange man für viele verschiedene Definitionen des Begriffs «spirituell» offen ist. Ist es «in Ordnung», Rechtsanwalt, Kellnerin, Verkäuferin, Mechaniker, Barkeeper, Koch oder Hausfrau und Mutter zu sein? Natürlich! «Spirituelle Arbeit» bedeutet nicht, daß man unbedingt mit kranken Menschen arbeiten, eine ganzheitliche Zeitschrift herausgeben, Räucherstäbchen und Essenzen verkaufen, in einem Bioladen tätig sein oder obdachlosen Menschen helfen muß. Lebe nicht nach einem Bild, sondern verwirkliche lieber die Realität deiner eigenen Entscheidung. *Ein spirituelles Leben zu führen bedeutet, lebendig zu sein, die privaten Augenblicke des Lebens und deine Aufgaben zu genießen und die spirituelle Essenz in deinem Inneren zu erkennen.* Finde eine Arbeit, in der du deine Fähigkeiten und deine Visionen im richtigen Verhältnis zueinander verwirklichen kannst.

Jeder Beruf ist mit bestimmten Bedingungen verbunden – das heißt, es gibt ein Abkommen zwischen dir und deinem Arbeitgeber. Wenn man bei jemandem angestellt ist, erklärt man sich damit einverstanden, so zu arbeiten, wie er es bestimmt. Wenn einem das nicht zusagt, gibt es mehrere Möglichkeiten: Man kann versuchen, die Arbeitsbedingungen zu ändern; man kann sich aber auch selbst ändern, damit man den Arbeitsplatz behält, oder aber man kündigt.

Viele Arbeitsbedingungen lassen sich ändern, aber das letzte Wort hat doch der Arbeitgeber. Das hat nichts mit «richtig» oder «falsch» zu tun. Es ist einfach so. Wenn die Firma dir gehörte, würdest du das gleiche Recht für dich beanspruchen.

Sich zu ändern kann mehr Mühe kosten, als ein Arbeitsplatz es wert ist. Doch viele Menschen ändern tatsächlich ihr Denken und ihr Verhalten, um eine bestimmte Position behalten zu können. Das wird nur dann Erfolg haben, wenn sie die Veränderung als Lernerfahrung betrachten, an der sie wachsen können. Verändert man sich nur äußerlich und nicht innerlich, führt das zwangsläufig zu Enttäuschung und Frustration. Trotzdem begehen viele Leute diesen Fehler, weil sie sich vor der noch größeren Veränderung fürchten, die eine Kündigung mit sich brächte.

Ich weiß nicht, was mehr Streß bedeutet – eine neue Arbeitsstelle anzutreten oder eine alte zu verlassen. Im Rückblick, wenn wir den Sprung in den Abgrund gewagt haben und unbeschadet gelandet sind, wird uns klar, daß nicht die Veränderung selbst uns Sorgen gemacht hat. Der Streß entsprang aus dem Kampf mit der Grauzone – mit dem Unbekannten, der Ungewißheit. Was der Verstand nicht als Teil seiner sicheren Welt erkennt, das will er nicht akzeptieren. Deshalb fallen uns Veränderungen in allen Lebensbereichen oft sehr schwer. Doch Veränderungen kommen überall auf uns zu und bedeuten immer eine Möglichkeit des Wachstums. Lernen, durch innere Veränderungen zu wachsen, und sehen, wann man die äußeren Lebensumstände ändern und in einem anderen Beruf Erfüllung suchen sollte, stellen sehr wichtige Bewährungsproben und Erkenntnisprozesse dar. Du hast immer die Wahl, die Entscheidung liegt bei dir.

Ist man selbständig, hat man sich nach den entsprechenden Geschäftsgrundsätzen zu richten. Es gibt zwar sehr verschiedene Anwendungsmöglichkeiten für die Prinzipien und Gesetze einer Branche, doch innerhalb dieses Rahmens herrschen genau festgelegte Muster und Grenzen. Alle scheinbar neuen erfolgreichen Arten und Ideen, ein Geschäft zu führen, beruhen auf soliden, erprobten Geschäftsprinzipien. Der neue Ansatz erscheint konservativeren Menschen zwar riskanter und unsicherer als das Altbewährte, aber die Prinzipien sind dennoch intakt. Viele anfängliche Erfolge im Geschäftsleben sind nur von kurzer Dauer.

Ein anderer beliebter Spruch der New-Age-Leute lautet: «Gehe der Arbeit nach, die du liebst, dann kommt das Geld von selbst.» Dem kann ich nicht widersprechen, aber leider ist dieser Satz unvollständig. Viele Menschen glauben naiverweise, sie könnten die Arbeit tun, die sie «lieben», ohne sich an fundierte Geschäftsprinzipien halten zu müssen. Und dann wundern sie sich, wenn das Geld ausbleibt. Nehmen wir an, jemand verwirklicht sich seinen Traum und seine Vision und eröffnet von seinen Ersparnissen einen kleinen Laden, in dem er Bücher und Kristalle verkauft. Er hat aber nur tausend Dollar für die Einrichtung und die erste Monatsmiete. Soll es ihn dann wundern, wenn sein Unternehmen scheitert? Dieser Mann war zwar begeistert von seiner Aufgabe und hatte auch eine Vorstellung des Resultats vor Augen, aber er besaß nicht die erforderlichen Mittel, um ein langfristig erfolgreiches Unternehmen zu begründen. Für einen Laden, in dem Bücher und Kristalle verkauft werden, braucht man nun einmal ein angemessenes Startkapital – ebenso wie für eine Staubsaugerfabrik, eine Bäckerei oder ein Kreditinstitut. Es haben zwar schon manche Menschen so angefangen und Erfolg damit gehabt; doch untersucht man ihre Lebensumstände genauer, wird man im allgemeinen feststellen, daß sie, als sie ihr Geschäft gründeten, z. B. wenig persönliche finanzielle Verpflichtungen hatten, oder die Ehefrau verdiente noch mit, oder sie besaßen noch irgendeinen finanziellen Rückhalt oder hatten zum richtigen

Zeitpunkt eine ganz besondere Marktlücke entdeckt. Der letzte Fall bildet eine seltene Ausnahme. Ohnehin wird sich mit der Zeit erweisen, ob der Erfolg wirklich von Dauer war.

An dem Geschäft, das man gründen möchte, sollte man aufrichtig interessiert sein, es vielleicht sogar lieben. Und man sollte vorher möglichst viel über die Branche lernen, in der man sich selbständig machen möchte. Lies, höre dich um, halte die Augen offen und sammle erst einmal praktische Erfahrungen in einem anderen ähnlichen Geschäft, um wirklich Bescheid zu wissen. Sei in finanzieller Hinsicht realistisch und fange erst an, wenn deine Chance, die Investitionen in absehbarer Zeit wieder herauszuwirtschaften, besser ist als nur fünfzig Prozent. Fange an mit der Vorstellung des Erfolges vor Augen und der Bereitschaft, jeden erdenklichen persönlichen Einsatz zu leisten, um ihn auch zu erreichen. Du mußt bereit sein, dich mit dem Markt weiterzuentwickeln und zu verändern. Sei stark und begeistere dich für deine Arbeit. Dazu gehören Klugheit und Mut.

Falls du mit deiner Arbeit nicht glücklich bist, untersuche deine Einstellung zu dieser Arbeit aus allen nur möglichen Blickwinkeln. Versuche herauszufinden, warum du unglücklich bist. Suche nach den wahren Gründen. Wie ist es zu dieser Situation gekommen, und wie wirkt deine berufliche Unzufriedenheit sich aus? Kannst du die Umstände oder die Menschen in deiner Umgebung ändern? Kannst du vielleicht eine andere Einstellung zu deiner Arbeit gewinnen? Wärst du glücklicher, wenn du eine andere Arbeit finden könntest, die eher deinen Bedürfnissen entspricht? Sobald du dir über diese Ursachen und Wirkungen Klarheit verschafft hast, kannst du aktiv werden.

Ich werde oft gefragt, wie man eine Stellung findet. Viele Menschen versuchen es mit positivem Denken, Gebeten, Visualisierung oder Ritualen. Das ist auch nicht schlecht, aber was den meisten fehlt, ist Initiative. Sie sind nicht aktiv genug. Wenn du eine Stellung suchst, solltest du folgendermaßen vorgehen:

Bitte den GEIST, dir innere Ruhe und Geduld zu schenken und günstige Gelegenheiten zu schaffen, die dir die Arbeitssuche erleichtern und gleichzeitig mit dem Wohl der gesamten Schöpfung im Einklang stehen.

Werde dir darüber klar, welche Arbeit dich am glücklichsten machen würde und was für ein Beruf deinen Fähigkeiten entspricht. Vielleicht hättest du lieber einen anderen Beruf als den, für den du qualifiziert bist. Auch das läßt sich korrigieren. Tief in deinem Inneren weißt du, was du dir wirklich wünschst.

Erkunde die Branche, für die du dich entschieden hast. Finde heraus, welche die wichtigsten Firmen sind und was für Leute sie brauchen. Sprich mit Bekannten, die in dieser Branche tätig sind, oder bitte Freunde, dir zu verraten, wie du mehr über diese Unternehmen in Erfahrung bringen kannst.

Schreibe deine Bewerbung, und antworte auf alle in Frage kommenden Stellenangebote. Gehe zu möglichst vielen Vorstellungsgesprächen. Bewahre eine positive Einstellung. Erwecke den Eindruck, der von dir erwartet wird, indem du korrekt gekleidet erscheinst. Vermittle deinen Gesprächspartnern deine Begeisterung und dein Vertrauen in deine Fähigkeiten. Mache ihnen klar, daß du unbedingt Mitarbeiter in dieser Firma werden möchtest. Bitte um die Stellung. Schreibe deinem Gesprächspartner nach dem Gespräch einen Brief oder rufe ihn an.

Vereinbare auch Gesprächstermine mit Personalchefs in Firmen, die *kein* Stellenangebot in die Zeitung gesetzt haben. Bewirb dich bei ihnen aber nicht um eine Stellung, sondern bitte sie um Rat, wie du in dieser Branche Arbeit finden könntest. Durch solche Gespräche hat sich schon manche Chance aufgetan.

Gib niemals auf. Sei realistisch im Hinblick auf deine unmittelbaren finanziellen Bedürfnisse. Vorläufig mußt du vielleicht erst einmal eine untergeordnetere Position akzeptieren, um finanziell über die Runden zu kommen, bis du die Stellung gefunden hast, die du dir wirklich wünschst.

Wenn du das beherzigst, wirst du mit ziemlicher Sicherheit eine Stellung finden – wahrscheinlich sogar mehr als nur eine. Und du wirst dich für diejenige entscheiden, bei der du ein gutes *Gefühl* hast.

Wenn du wartest, bis GOTT oder der GEIST dafür sorgt, daß dir die richtige Stellung in den Schoß fällt, ohne selbst etwas dafür zu tun, wirst du bei deiner Arbeitssuche wohl kaum Erfolg haben. Der Göttliche Aspekt eröffnet dir nur die Gelegenheiten, die du brauchst. Dich bemühen und die Initiative ergreifen mußt du selbst.

Ich war etliche Jahre erfolgreich in der Autoersatzteilbranche tätig. Doch da meine finanziellen Bedürfnisse größer waren als die dortigen Verdienstmöglichkeiten, beschloß ich, den Beruf zu wechseln. Ich sah, daß ein Freund von mir als Pharmavertreter zu arbeiten begann, ohne große Verkaufserfahrung zu haben, und damit erfolgreich war. «So etwas kann ich auch!» sagte ich mir. Ich bat den GEIST, mir zu helfen, und ich wußte, Er würde es tun. Dann unternahm ich alle oben beschriebenen Schritte. Ich entschied mich, Werbeanzeigen zu verkaufen, doch nach ein paar Wochen merkte ich, daß ich es in diesem Geschäft zu nichts bringen würde.

Ich überdachte meine Situation noch einmal und bewarb mich um Dutzende anderer Stellungen im Verkauf, für die ich besser qualifiziert war. Einige dieser Positionen hätte ich um ein Haar bekommen – aber eben nur um ein Haar. Daraufhin bewarb ich mich auch noch um andere Stellungen in der Autoersatzteilbranche; doch auch hier tat sich nichts. Insgeheim wußte ich, daß es eine Arbeit gab, mit der ich keine Schwierigkeiten haben würde, falls ich sie annehmen mußte. Aber diese Stellung wollte ich nicht. Sie entsprach nicht dem Bild, das ich mir von meiner künftigen beruflichen Tätigkeit gemacht hatte. Doch allmählich wurde mein Geld knapp, und ich hatte das Gefühl, etwas tun zu müssen, um mir meinen Lebensunterhalt zu verdienen. Also bewarb ich mich um die Stellung, gegen die ich anfangs einen so großen Widerwillen gehabt hatte, und bekam sie auch.

Ich war zwar immer noch nicht ganz zufrieden mit dieser neuen Arbeit, aber ich hatte ziemlich viel Erfolg damit und verdiente immer besser. Und als ich dann beschloß, in dieser Stellung mein Bestes zu geben, wurde ich noch erfolgreicher. Nach ein paar Monaten bekam ich die Chance, in das Management aufzusteigen, und staunte sehr über das Gehalt, das ich nun verdiente. Diese Stellung hat mir mehr eingebracht, als ich je für möglich gehalten hätte – und doch hatte ich mich gerade gegen sie anfangs so gewehrt. Im Lauf der Jahre habe ich mehr als genug Geld verdient, um mir ein angenehmes Leben leisten zu können; und ich habe mir mit meinem Verdienst auch die finanzielle Basis geschaffen, um einen Verlag gründen und meine Bücher publizieren zu können. Meine Bücher sind Ausdruck der spirituellen Arbeit, für die ich mich in diesem Leben entschieden habe. Diese Bücher sind aber erst durch die spirituelle Arbeit möglich geworden, die ich jeden Tag und jeden Augenblick meines Lebens in meinem Beruf und im Alltag leiste. Das war die Gelegenheit, die der GEIST mir geboten hat – eine Chance, von der auch das Ganze profitieren konnte, wenn ich sie mit meinen persönlichen Bemühungen kombinierte. Gott sei Dank hatte ich aufgehört, mich innerlich gegen diese Arbeit zu wehren!

Ich bin noch heute in dieser Stellung tätig. Sie erfüllt nach wie vor alle meine unmittelbaren und langfristigen Bedürfnisse, und ich werde sie so lange behalten, bis ich feststelle, daß meine Bedürfnisse sich verändert haben. Meine Arbeit ist zwar nicht immer einfach, und oft frage ich mich, warum ich die Anforderungen, die diese Position an mich stellt, eigentlich immer noch aushalte. Auf meinem Schreibtisch steht ein Schild mit einem Spruch, das ich von einem Freund geschenkt bekommen habe. Der Spruch lautet: «Frage dich in jedem Augenblick deines Lebens: Tue ich wirklich das, was ich will? Bringe die Macht Gottes in deinem Inneren zum Ausdruck.» Und das tue ich.

In meiner Stellung muß ich ungefähr fünfundsechzig Stunden pro Woche arbeiten. In meiner Freizeit kümmere ich mich um meinen kleinen Verlag. Ich versuche alle paar Jahre ein Buch zu schreiben; außerdem halte ich in ganz Amerika Seminare und Vorträge. Das erklärt vielleicht, warum es immer eine Weile dauert, bis ich dazu komme, meine Post zu beantworten. Und - ja, um es nicht zu vergessen: Ich habe eine Frau und eine Familie, die mich trotz alldem erträgt. Es ist meine Entscheidung; es ist meine Arbeit; es ist mein Leben.

Das alles erzähle ich nur, damit du weißt, daß ich nicht irgendwo hoch oben auf einem Berggipfel sitze und nur vortäusche, zu wissen, was du im Augenblick durchmachst. Ich lebe genauso in der Welt wie du. Viele Leute verstehen nicht, warum ich immer noch jeden Tag in der materiellen Welt arbeite – oder warum ich überhaupt arbeiten muß. Die Antwort ist ganz einfach: Ich habe Bedürfnisse, genau wie du. Ich verdiene mir meinen Lebensunterhalt.

Merkwürdigerweise glauben wir manchmal, wenn man spirituelle Erkenntnis erlangt hätte, brauchte man nicht mehr zu arbeiten, um zu leben. Wir glauben, GOTT werde uns schon alles geben, was wir brauchen. Das tut GOTT natürlich auch, aber Er geht dabei nicht soweit, dir deine Arbeit abzunehmen oder deinen Acker für dich zu pflügen. Das müssen wir selbst tun. Wir müssen in unserem täglichen Leben aktiv sein. Das bedeutet Mühe. Und wir müssen darauf vertrauen, daß unsere Aktivität sich positiv auf unser persönliches inneres Wachstum auswirken wird. Das tut es immer.

Es gibt einen alten Spruch, angeblich ein Zen-Sprichwort, der besagt: «Vor der Erleuchtung mußt du Holz hacken und Wasser tragen. Nach der Erleuchtung mußt du Holz hacken und Wasser tragen.» Dieser Spruch sagt sehr viel aus. Ich würde ihn nur ein bißchen abändern. Ich würde nicht sagen, daß man *nach* der Erleuchtung Holz hacken und Wasser tragen muß, sondern *während* der Erleuchtung. Denn unser persönlicher Weg durch die Welt, wenn wir ihn in eigener Verantwortung gehen, ist ein fortlaufender Prozeß der Erleuchtung.

Das Buch *You'll See It When You Believe It* von Dr. Wayne W. Dyer bietet viele Einsichten und wunderbare Vorschläge, wie man sein Leben führen soll. Auch in diesem Buch wird der Spruch vom Holzhacken und Wassertragen zitiert, und der Autor fügt hinzu: «Die Erleuchtung hat sehr wenig mit deinen täglichen Aktivitäten zu tun, aber sehr viel damit, wie du diese Aktivitäten siehst. Der Erwachte wird immer noch irgendwie Holz hacken und Wasser tragen, aber er wird das Holz und das Wasser und sein Los im Leben nicht mehr verfluchen. Was auch immer du im Augenblick tun magst – es kann eine Liebesmühe sein, wenn du es dazu machen willst.»

Vor langer Zeit, in einem anderen Leben, habe ich eine Erfahrung gemacht, die das veranschaulicht. Ich habe sie bis heute nicht vergessen.

Ich hatte schon seit frühester Kindheit von Azjur Ramini gehört, und mein einziger Wunsch war es, Ihn zu finden und durch Ihn zur Erleuchtung zu gelangen. Daher verließ ich als junger Mann meine Familie und suchte im ganzen Land nach diesem Meister. Ich mußte lange suchen, aber schließlich fand ich einen Anhänger, einen Mann über Sechzig, der Raminis Lehren folgte. Zuerst wies er mich ab, als ich ihn bat, mich zu dem Meister zu führen, doch bald gab er nach. Der Meister hatte Seine Genehmigung für unser Zusammentreffen gegeben. Ich rief aus: «Ich will Ihm aber nicht nur begegnen, ich möchte an Seiner Seite bleiben und GOTT finden.» Der alte Mann lächelte nur.

Nachdem wir über eine Woche gewandert waren, fanden wir Ramini und die Gruppe Seiner Anhänger. Sie lebten in einem abgelegenen Gebiet, das heute unter dem Namen «Rutog» bekannt ist und in der Nähe der indischen Grenze in Westtibet liegt. Nun, nachdem ich endlich in die Gruppe aufgenommen worden war, glaubte ich naiverweise, ich könnte stundenlang zu Füßen des Meisters sitzen und mit Seiner Hilfe GOTT finden. Natürlich erwartete ich das nicht sofort, ich war schon bereit, ein paar Tage zu warten, bis ich dem Meister persönlich begegnen und Seinen Worten lauschen durfte. Doch zu meiner großen Überraschung kam Er schon nach ein paar Minuten auf mich zu. Die Lebenserfahrung hatte Furchen in Sein dunkles Gesicht gegraben, aber Seine Augen waren wie glühende Kohlen. Ich kniete vor Ihm nieder.

«Wir haben uns getroffen. Jetzt beginnt dein Weg zu einem umfassenderen Bewußtsein.»

Ich war selig! «Was soll ich für dich tun, Meister?» fragte ich. Er musterte mich ein paar Sekunden lang schweigend.

«Es gibt viel zu tun. Hilf den anderen, Zweige für das Feuer zu sammeln.»

Ich fühlte mich geehrt, etwas für den Meister tun zu dürfen. Begeistert half ich ein paar Männern, den Waldboden nach Reisig abzusuchen. Wir brauchten Stunden dazu, aber schließlich hatten wir genug gefunden und machten Feuer, um zu kochen. Nun mußte ich einem der älteren Männer helfen, der mich die Töpfe reinigen ließ. Ich wartete, bis alle anderen gegessen hatten und alle Töpfe gewaschen waren. Erst dann aß auch ich.

Den Meister sah ich erst nach ein paar Wochen wieder, und auch dann nur aus der Ferne. Ich beklagte mich bei den anderen darüber, daß ich Seine Lehren nicht hören durfte. Man ließ mich nur arbeiten und schlafen. So verging ein Tag nach dem anderen, und ich schwieg, obwohl ich innerlich ungeduldig war. Und mit jedem Tag brannte sich die Ungeduld tiefer in meine Seele. Nachdem ich zwei Monate lang für die Gruppe gearbeitet hatte und immer noch nicht beim Meister sein durfte, schlich ich mich im Dunkel der Nacht davon.

Stundenlang wanderte ich durch die Nacht. Schließlich legte ich mich unter einen Felsvorsprung und lauschte dem Regen, der auf die trockene Erde herunterprasselte. Irgendwann schlief ich ein und träumte, ich säße am Rande der Gruppe, die sich um den Meister geschart hatte. Er sprach davon, daß man mit jedem Atemzug und jeder Tat GOTT verehren solle. Er erklärte, es gäbe keinen besseren Beweis für die Existenz GOTTES als den Menschen, der Seine spirituelle Essenz in all seinen Handlungen zum Ausdruck bringt. Dann hielt der Meister inne und sah mir direkt in die Augen.

Weinend wachte ich auf. Der Traum war mir unglaublich real vorgekommen – so real, daß ich zurücklief, um den Meister und die Gruppe wiederzufinden. Über den Hügeln ging die Sonne auf und beleuchtete die Stelle, an der sie hätten sein müssen, aber sie waren fort. Dieses Rätsel konnte ich niemals lösen. In den nächsten Monaten suchte ich vergeblich nach ihnen. Und schließlich gab ich die Suche auf und kehrte zu meiner Familie zurück.

Dem äußeren Anschein nach verlief der Rest meines Lebens so ähnlich wie bei den meisten anderen Menschen, aber ich hatte mich verändert. Ich bemühte mich aufrichtig, glücklich mit dem zu sein, was ich hatte, und in allem GOTT zu sehen. Manchmal lebte ich so, wie ein spiritueller Mensch meiner Vorstellung nach leben mußte, dann wieder hatte ich das Gefühl, erbärmlich zu versagen – es ist noch nie leicht gewesen, in dieser Welt zu leben.

Im Lauf der Jahre gab ich meine Versuche, so zu leben, als sei GOTT in mir und in allen meinen Handlungen, schließlich auf – ich lebte einfach. Ich dachte nur noch selten darüber nach und war einfach glücklich mit meiner Frau und meinen Kindern und dem kärglichen Leben, das der Boden, den wir bearbeiteten, hergab. Am Abend empfand ich es als sehr behaglich und tröstlich, mit den Menschen, die ich liebte, auf der Erde zu sitzen, die mich ernährte, und zum Himmel und den Sternen emporzublicken, die die Nacht erhellten. GOTT war gut – selbst in den Regenzeiten, die unseren Ackerboden davonschwemmten, selbst wenn die Sonne die Erde ausdörrte. GOTT war gut, weil Er mich ein Teil von all dem sein ließ.

Viele Jahre vergingen. Meine Kinder wuchsen heran, und einige verließen unsere kleine Welt wieder. Meine Frau starb. Ich arbeitete weiter auf meinen Äckern, das war die Arbeit, die ich kannte und liebte.

Auf dem Weg zu einem weit entfernten Markt, auf dem ich die Erzeugnisse meiner harten Arbeit verkaufen wollte, kam ich eines Tages an einem Mann vorbei, der neben einem Baum stand. Ich blieb stehen und drehte mich nach ihm um. Es war der Meister, dem ich vor so vielen Jahren begegnet war. Er blickte mir tief in die Seele und lächelte. Tränen strömten über meine Wangen.

Ich bat Ihn, Ihm aus den Nahrungsmitteln, die ich dabeihatte, ein Essen bereiten zu dürfen. Als Er das bescheidene Mahl beendet hatte, wollte Er mich nicht den Topf waschen lassen. Er ging selbst zu einem nahegelegenen Bach und reinigte ihn mit Sand und Wasser.

«Nicht doch, Meister», protestierte ich.

«Doch, Rasheen. Mit deinen Mühen hast du mich gesegnet, ebenso wie deine Familie. Das will ich dir vergelten – so sind die Wege GOTTES.»

Ohne lange nachzudenken, sagte ich: «Nein, Meister. Du hast mich eines Nachts mit einem Traum gesegnet, und nur dadurch konnte ich in dieser Welt leben. Du hast mir mehr geschenkt, als ich dir je wiedergeben kann.» Ich hatte schon seit vielen, vielen Jahren nicht mehr an diesen Traum gedacht. Mir war bis zu diesem Augenblick gar nicht richtig klargewesen, wie sehr er mein Leben beeinflußt hatte.

Diese Geschichte haben im Laufe der Menschheitsgeschichte Millionen von Seelen in irgendeiner Form erlebt. Sie ist nicht neu. Ich glaube nicht, daß du durch sie die Wahrheit erkennen wirst, die lautet: *Wir können nur eines tun, um in dieser*

Welt ein spirituelles Leben zu führen – nämlich jeden Augenblick und mit allem, was wir tun, in der Gegenwart GOTTES leben. Aber ich glaube sehr wohl, daß mein Erlebnis den einen oder anderen dazu anregen wird, über sein Leben und seine Arbeit nachzudenken. Die Erfahrung jedoch muß man persönlich machen und in seinem eigenen Inneren erkennen.

10
Innerer Frieden mitten in der Krise

Stell dir vor, du müßtest morgens keine Angst haben, zu spät aufzuwachen; es gäbe keine Verkehrsstaus, keine Autohupen und keine Umweltverschmutzung mehr. Male dir aus, wie es wäre, wenn du im Büro nicht ständig die Geräuschkulisse der Gespräche deiner Kollegen hörtest, keine eiligen Berichte mehr schreiben müßtest und dein Mittagessen nicht hastig im Schnellimbiß herunterzuschlingen brauchtest – mit anderen Worten, wenn es keine Krisen gäbe, mit denen du fertig werden mußt. Stell dir vor, du lebtest auf dem Land, hörtest beim Aufwachen das Gezwitscher der Spatzen vor deinem Fenster, könntest dann tief einatmen und reine, frische Luft in deine Lungen saugen und den Tau auf dem ungemähten Gras der umliegenden Wiesen riechen. Stell dir vor, jeden Tag bei Sonnenuntergang an einem langen, einsamen Strand entlangzuwandern und abends, wenn du in den Schlaf hinüberdämmerst, das Rauschen der Wellen zu hören. Das Leben kann so friedlich und ausgeglichen sein, wenn man in der Einfachheit der Natur lebt. Ist dein Leben friedlich und im Gleichgewicht? Wenn es das ist, bist du wahrscheinlich dankbar. Und wenn nicht, bist du dann zum ewigen Streß des Großstadtlebens verdammt? Nein – aber es ist kein Wunder, daß wir manchmal nahe daran sind, den Verstand zu verlieren, wenn wir in der Stadt oder einem Großstadtvorort leben – diese Welt kann so verrückt sein.

Es gibt viele Dinge in unserem Leben, die uns bedrücken und an uns zerren. Die allgemeinen Vorstellungen darüber, was man zu sein hat, wie man sich zu verhalten hat und was man haben muß, geben uns recht widersprüchliche Signale. Einerseits sollen wir individuelle Persönlichkeiten sein, aber wenn wir uns zu sehr von den anderen unterscheiden, akzeptiert man uns nicht. Was heißt «zu sehr»? Nach den Maßstäben der Mode von vor zehn Jahren wirkt die Kleidung, die viele Jugendliche heute tragen, total verrückt, und die Kleider, die man vor zehn Jahren getragen hat, hätten wiederum vor zwanzig Jahren unmöglich ausgesehen. Und doch werden unsere heutigen jungen Leute die Mode der nächsten Jahre beeinflussen. Die gleichen Erwachsenen, die ungläubig auf die Kleidungsstücke starren, die Kinder und Jugendliche heute tragen, werden sich in drei Jahren ähnlich kleiden. Wenn genügend Leute etwas akzeptabel finden – ist es dann automatisch akzeptabel?

In den letzten Jahren hat sich der Rahmen der Moralvorstellungen in unserer Gesellschaft drastisch geändert. Denken wir nur daran, wie sehr sich unsere Ansichten und Wertvorstellungen über Schwangerschaftsabbrüche, rassische Mischehen, Homosexualität, Gebrauch von Drogen, Steuerhinterziehung und Sex im Teenageralter gewandelt haben. Je nachdem, auf welcher Seite man steht, sind das entweder Anzeichen für die Fortschrittlichkeit unserer Gesellschaft oder Zeichen für den Verfall der Welt. Es ist oft schwierig, zu wissen, was wir denken, glauben und empfinden sollen. Die Einstellung zum Geschäftsleben, zur Mode und zur Moral war zwar schon immer Veränderungen unterworfen, doch heute dreht sich das Karussell der Veränderungen viel rascher. Deshalb kommt uns unsere Welt so «verrückt» vor.

Wo soll man da noch inneren Frieden finden? Manche entdecken ihn vielleicht in der Ruhe und Beschaulichkeit der Natur, während andere diese Einsamkeit entsetzlich langweilig finden. Manche Leute empfinden die Menschenmassen, die in den Großstädten umherhasten, als verwirrend; andere genießen es und finden es aufregend, daß sich hier so viele Leben kreuzen. Was sagt uns das? Die Kräfte liegen außerhalb unserer selbst, doch die Wahrnehmung dieser Kräfte findet in unserem Inneren statt. Allerdings wird es immer schwieriger, zu unterscheiden, was innen und was außen ist. Die Grenzen sind heute verschwommener als je zuvor. Warum? Das liegt an der drastischen Zunahme von Informationen, die unser Leben überfluten. Das gleiche Hilfsmittel, das es uns ermöglicht, uns selbst und die Welt besser zu verstehen, verwirrt gleichzeitig unsere Sinne. Wir wissen nicht, wie wir damit fertig werden sollen. Wir haben nicht gelernt, diese Informationen und unsere eigenen Lebenserfahrungen in ein ausgewogenes Gleichgewicht zu bringen.

Das Wunder unserer heutigen fast sofortigen Kommunikationsmöglichkeiten verbindet Milliarden von Menschen auf unserem Planeten miteinander. Das hat ermöglicht, daß wir Leute, die ein ganz anderes Leben führen als wir, zu Gesicht bekommen und vielleicht auch besser verstehen. In dieser Hinsicht haben wir etwas Gutes geschaffen. Andererseits bringt uns diese Technologie mehr Informationen, als wir in zehn Leben verarbeiten könnten, und doch reicht das vielen noch nicht. Die Fernseh- und Kommunikationstechnologie hat auf das Leben jener, die seit 1940 geboren wurden, den allergrößten Einfluß gehabt. Das ist gut und gleichzeitig schlecht – es bedeutet Freiheit und ist doch auch eine Falle. Es ist leicht, der Technik die Schuld zu geben, aber schließlich schalten *wir* den Fernseher ein. Die moderne Technologie ist ein neutrales Werkzeug, das je nachdem, was wir von ihr erwarten, einen positiven oder auch einen negativen Anstrich erhalten kann. Unsere Wünsche spiegeln sich auf dem Bildschirm wider. Zunächst einmal müssen wir begreifen, was wir da geschaffen haben. Das ist der erste Schritt zu einem harmonischen Gleichgewicht zwischen sinnvoller Information und bedrückender Überlastung.

Zeitschriften, Zeitungen und Rundfunk sind zwar nach wie vor wertvolle Quellen detaillierter Informationen, doch zum Fernsehen haben wir häufig die intensivste Beziehung. Dieses Medium wird *die* Informationsquelle werden, wenn unsere Gesellschaft auf der Suche nach mehr Informationen noch schnellebiger wird. Und welche Faktoren spielen für die Medien die wichtigste Rolle? Macht und Geld!

Mit «Macht» meine ich keine finsteren Intrigen, mit denen die Fernsehzuschauer manipuliert werden. Es geht vielmehr um die Macht des Ego der Leute, die diese Informationen vermitteln. Das ist etwas ganz Natürliches. Im Rampenlicht der Öffentlichkeit sind es die Autoren, Reporter, Chefredakteure, Filmstars, Moderatoren und Filmproduzenten, die nach dieser Macht streben. Hinter den Kulissen sind es die Intendanten und Programmdirektoren. Sie alle wollen, daß ihr Kanal und ihre Produktion die Nummer eins sind. Ruhm kann man nur ernten, wenn man als erster an eine aufregende Neuigkeit herankommt oder die Fernsehserie mit der höchsten Einschaltquote ausstrahlt – wenn man eben die Nummer eins ist. Diese Eitelkeit und Machtgier des Ego streckt ihre Klauen nach deiner Aufmerksamkeit aus und greift nach deinen Sinnen.

Der finanzielle Aspekt dagegen ist leicht zu begreifen. Geld brauchen die Medien, um die Gehälter zahlen zu können und die Aktionäre zu befriedigen. Das Geld kommt durch die Werbung herein. Und die Firmen, die im Fernsehen oder Rundfunk werben, zahlen den Sendern mehr Geld für die Sendezeiten mit der höchsten Einschaltquote. Die Sender haben alles darauf angelegt, uns das zu geben, was wir uns am meisten wünschen – Instant-Unterhaltung und Instant-Neuigkeiten. Aber das hat natürlich seinen Preis.

Nach dem Inhalt dieser Programme und der Werbespots zu urteilen, kann dieser Preis unser gesunder Menschenverstand sein!

Wir lassen uns unterhalten, indem wir für eine begrenzte Zeit das Leben der Fernsehfiguren führen, die wir gern wären, oder das Leben der Familien, zu denen wir gern gehören würden, oder der Typen, die wir mit einem wohligen Entsetzensschauer hassen. Während dieser halbstündigen «Flucht aus dem Alltag» leben wir in einer anderen Realität – und vergessen unsere eigene nur zu gern. Und wie überrascht sind wir dann, wenn wir plötzlich wieder in unsere Realität zurückkehren und feststellen, daß unsere Probleme immer noch nicht gelöst sind! Nur allzu häufig wenden wir uns dann gleich wieder den bewegten Bildern zu, die uns nicht zum Denken provozieren. Im Gegenteil, diese Szenen regen uns oft dazu an, unsere Ängste, unseren Zorn und unsere Trauer auszuleben. Je häufiger man sich vor den Fernsehapparat setzt, um so mehr verfällt man in die Gewohnheit, sich an den Krisen anderer Leute zu weiden.

Wir finden nicht *alle* Nachrichten interessant, nicht wahr? Wer möchte schon von einer guten Tat hören, die jemand vollbracht hat? So etwas kann man fünfzehn Sekunden lang am Ende der Nachrichten einblenden, als angenehmen Abschluß gewissermaßen. Aber in Wirklichkeit hungern wir nach Sensationen wie Flugzeugkatastrophen, Börsenkräche, Staatsstreiche, Erdbeben, Orkane, Morde und Skandale – als sei das eine Entschädigung für unser sonst so langweiliges Leben. Wegen dieses Sensationshungers der Massen hangeln sich die Medien von einer Krise zur nächsten. Wenn sich keine interessanten neuen Entwicklungen ergeben, wird ein wichtiges Ereignis nur etwa drei Tage lang in den Nachrichten behandelt, und nach zwei Wochen haben wir die meisten Ereignisse schon wieder vergessen. Die Zuschauer und die Medien leben von kritischen Situationen – sie leben von einer Krise zur nächsten. Falls du das nicht glaubst, brauchst du nur einmal darauf zu achten, wie betreten ein Nachrichtensprecher dreinschaut, wenn er nichts Besonderes zu berichten hat. Es ist, als wolle er sagen: «Tut mir leid, liebe Leute, aber heute ist leider nichts Tragisches passiert.»

Sind wir tatsächlich süchtig nach Krisen? Ja, viele sind es. Das ist eine unserer großen Illusionen – aber sie ist keineswegs neu. Schon seit undenklichen Zeiten faszinieren den Menschen Gefahren und tragische Unglücksfälle. Er findet sie aufregend, solange es nicht seine eigenen sind. Es gibt zwar Leute, für die ein aufregendes Leben darin besteht, sich selbst Gefahren auszusetzen. Doch die meisten befriedigen ihr Bedürfnis nach Aufregung, indem sie voller Spannung die Tragödien in ihrer Umgebung verfolgen. Ob es eine Schlägerei zwischen zwei Männern oder eine Beißerei zwischen zwei Hunden ist, ein Verkehrsunfall oder ein Feuer – die meisten Menschen bleiben stehen und schauen zu. Es ist unterhaltsam und gleichzeitig auch eine gewisse Erfüllung für sie. Was uns innerlich fehlt, versuchen wir uns aus der Außenwelt zu holen. Es ist inkonsequent, zu behaupten, man wolle ein friedliches Leben führen, und sich dabei gleichzeitig für die Krisen anderer Leute zu interessieren.

Uns muß bewußt sein, daß wir dazu neigen, uns in erster Linie darum zu kümmern, was außerhalb von uns in der Welt passiert, und das, was in unserem Inneren vor sich geht, zu ignorieren. Denn von dieser Neigung lebt das Medium Fernsehen, und dadurch geht dieser Zyklus des Von-Krise-zu-Krise-Lebens immer weiter.

Doch wir können aus dem Fernsehen auch vieles über unser Leben lernen. Selbst ein scheinbar völlig wertloses Programm kann uns einen Aspekt unseres Lebens veranschaulichen. Nicht alle Sensationsprogramme sind schlecht. Offensichtlich sind die meisten Menschen auch gar nicht an weiterbildenden Sendungen interessiert. Das sieht man daran, daß Sender, die solche Programme ausstrahlen, bisher kaum überleben konnten, weil ihnen die finanziellen Mittel und das

Interesse der Zuschauer fehlten. Nun wirst du vielleicht sagen, daß selbst in der Programmeinöde, die bei uns zu herrschen scheint, doch jeder Zuschauer sich in irgendeiner Richtung weiterentwickelt und einen neuen Schritt in seinem Leben tut. Darin stimme ich dir zu. Uns muß nur bewußt sein, was wir mit den Medien geschaffen haben; und wir müssen uns über unsere Neigungen im klaren sein und bewußte Entscheidungen treffen, was wir auf unser Leben einwirken lassen wollen und was nicht. Denn wir haben die Wahl.

Diese Welt ist zwar verrückt, aber eines steht fest: Sie ist nur deshalb verrückt, weil wir es zulassen. Es gibt ein Gleichgewicht. Um es zu finden, muß man sein Leben unter Kontrolle haben – jeden Augenblick unter Kontrolle haben –, und zwar indem man weiß, *wer* man ist, über welche Werkzeuge und Hilfsmittel man verfügt und was für Erfahrungen man machen möchte. Du *kannst* das durchaus! Wenn du kein inneres *Wissen* über dich selbst besitzt, wirst du feststellen, daß du die Wirkung, das Ergebnis all der Konflikte in deiner Umgebung bist. Und als Ergebnis der Umstände und der Handlungen anderer Menschen wirst du dich wie am Gängelband fühlen, wie ein Tier, das an einem kurzen Strick hin und her gezerrt wird.

Ein Teil unseres Charakters wünscht sich so viele Informationen, wie er nur irgendwie aufnehmen kann. Doch unser Kopf, unsere Gefühle und unser Körper leiden an einer lähmenden Krankheit, Streß.

Oft jagen wir Zielen nach, die sich, sobald wir sie erreicht haben, als hohl erweisen. Dann rennen wir dem nächsten Ziel hinterher und glauben, die Erfüllung warte in dem nächsten Gebiet auf uns, das wir erobern. Aber so findet man selten Erfüllung, und wenn man sie doch erreicht, ist sie nicht von Dauer – wir wollen immer noch mehr. Das merken wir bei unserer Berufswahl, unserer Vorstellung vom Glück, unserer Suche nach dem idealen Partner und den Zukunftsplänen, die wir für unsere Kinder schmieden. Wir treiben Verstand und Gemüt dazu, sich alle Ideen und Konzepte zu eigen zu machen, die uns unserem Ziel näher bringen könnten, selbst wenn diese Konzepte einander widersprechen. Wir bestehen darauf, daß unsere Emotionen sofort und absolut ruhig jede Streßsituation meistern, selbst wenn wir nie gelernt haben, wie man das macht. Wir ignorieren die natürlichen Hinweise, mit denen unser Körper uns sagt, daß er Ruhe und Pflege braucht, und sind dann entsetzt, wenn er versagt. Nachdem wir mit unseren äußeren Bemühungen immer wieder gescheitert sind und uns danach emotional jedesmal völlig ausgelaugt fühlten, gelangen wir dann endlich zu dem Schluß, daß die wahre Erfüllung von innen kommen muß. Diese Schlußfolgerung kann der Beginn zu innerem Frieden sein, aber nur, wenn wir darauf verzichten, inneres Wachstum mit Hilfe äußerer Strategien erreichen zu wollen. Das kann sich als ebenso frustrierend erweisen. *Inneren Frieden findet man, indem man sich von seinen Zielen löst und den Augenblick, der vor einem liegt, vollständig beherrscht.* Man muß wissen, daß Zielsetzungen geistige Werkzeuge sind, die man zur Bewältigung seiner Aufgaben im Leben einsetzt. Doch innerer Friede und spirituelle Entfaltung sind keine Aufgaben, die man erfüllen muß. Sie stellen vielmehr ein natürliches, ruhiges Erwachen zu der inneren Stärke und dem inneren Wissen dar, die du bereits besitzt.

Kontrolle über sein Leben zu haben bedeutet, sich seiner Entscheidungsfreiheit bewußt zu sein. Du kannst jederzeit selbst entscheiden, worauf du dich einlassen möchtest und worauf nicht. Werde dir zunächst einmal über deine momentanen Ziele klar. Warum hast du dich gerade für diese Ziele entschieden? Sind es tatsächlich *deine* Zielvorstellungen oder die Ziele, die du nach der Erwartung anderer erreichen sollst? Überprüfe immer wieder deine kurz- und deine langfristigen Ziele, und überlege, ob du deinen eigenen Wünschen dabei auch wirklich treu geblieben bist. Es ist erstaunlich, wie leicht wir auf die Wünsche anderer reagieren und sie uns zu eigen machen.

In einer Streßsituation hältst du am besten erst einmal inne, holst tief Luft und siehst dir die Situation genau an, in der du im Augenblick bist. Wenn es notwendig sein sollte und die Möglichkeit dazu vorhanden ist, ziehe dich von der äußeren Situation zurück. Zumindest solltest du dich daran erinnern, daß du ein göttliches spirituelles Wesen bist – du bist Seele –, du *beherrschst* die Situation. Du hast die Wahl, was du aus deinem Leben machen willst. Was nützt es, nach den Maßstäben anderer Menschen zu leben, wenn man seinen eigenen wahren Wünschen dabei untreu wird? Auf diese Weise kannst du nichts gewinnen. Die Seele ist an sich ein glückliches spirituelles Wesen. Nur die Konflikte dieser Welt verwirren sie und machen sie traurig. Erkenne die Macht und den inneren Frieden in dir, indem du dir zum Bewußtsein bringst, daß du die Herrschaft und Kontrolle über dein Leben besitzt.

Du entwickelst innere Kraft, indem du dir deines wahren Selbst und seiner Möglichkeiten bewußt wirst und dich dann entscheidest, all das zu sein, was du bist, in jedem Augenblick.

11
Heilung von innen

So sehr wir uns theoretisch darüber im klaren sind, daß der physische Körper sich verändert und älter wird – wir neigen doch dazu, die kleinen Anzeichen der Veränderung in unserem eigenen Körper zu übersehen. Wir sehen zwar, wie andere Menschen krank werden und sterben, leben aber trotzdem ziemlich lange ganz unschuldig in dem Glauben, daß so etwas nur anderen passiert und nicht uns. Doch irgendwann kommt eine Zeit, in der wir plötzlich begreifen, daß wir nicht unsterblich sind. Eines Tages trifft uns diese Erkenntnis wie ein Blitz aus heiterem Himmel. Unser Körper ist in seinen Aktionsmöglichkeiten plötzlich begrenzt.

Auch mir ist das vor kurzem klargeworden. Als Kind war ich sehr aktiv, wenn auch wahrscheinlich nicht lebhafter als die meisten anderen Kinder. Als Erwachsener habe ich immer alles getan, was ich wollte, und mein Körper hat stets mitgemacht. Da mich mein Schreiben und die viele Arbeit in meinem Beruf so in Anspruch nahmen, habe ich nie sehr auf meinen Körper geachtet. Jahrelang schlief ich jede Nacht nur ein paar Stunden. Ab und zu wurde ich krank. Ich bekam Erkältungen und Grippe wie andere auch, aber sobald sie vorbei waren, hörte ich wieder auf, mir über meinen Körper Gedanken zu machen. Warum sollte ich auch? Ich bin jung und ziemlich gesund. Ich habe mir noch nie übertriebene Sorgen um meine Gesundheit gemacht, sondern mein Leben lieber in jeder Hinsicht voll und ganz gelebt.

Vor vielen Jahren arbeitete ich als Physiotherapieassistent in einem Krankenhaus. Ich sah viele Unfallpatienten und arbeitete mit älteren Menschen, die künstliche Gelenke bekommen hatten oder sich von einem Schlaganfall erholten. In einem Zentrum für geistig Zurückgebliebene betreute ich Schwerbehinderte. Dort starben etliche Babys in meinen Armen. Ich sah kranke und hinfällige Körper und wurde mit dem Tod konfrontiert. Doch obwohl ich irgendwo wußte, was für ein zerbrechliches Etwas der menschliche Körper ist, lebte ich jeden Tag so, als sei ich unsterblich – als werde der Körper, der mir bisher so gute Dienste geleistet hatte, mir immer dienen. Zwar gestand ich mir innerlich ein, daß auch mein Körper im Lauf der Jahre irgendwann einmal versagen würde, aber ich rechnete nicht damit, daß das sehr bald geschehen würde. Das ist an sich nichts Ungewöhnliches, vor allem für jemanden, der glaubt, sich aktiv auf einem spirituellen Weg zu befinden. Es ist nämlich ein Irrglaube, daß ein Mensch, der ein spirituelles Leben führt, automatisch auch gesundheitsbewußt leben würde. Wir denken vielleicht, daß eine solche Person sich ihres Körpers sehr bewußt sein müßte, weil ihr das Leben jenseits des oberflächlichen Scheins bewußt geworden ist. Aber ich glaube, daß spirituelle Menschen nicht gesünder leben als der Durchschnitt.

In den letzten Jahren wurde ich zweimal ernsthafter krank. Beide Male machte ich mir eine kurze Zeit lang Gedanken darüber, wie das passieren konnte. Dann änderte ich meine Ernährung und verzichtete so weit wie möglich auf Zucker, Koffein und rotes Fleisch. Das erschien mir damals richtig, und ich fühlte mich danach auch besser. Doch ansonsten blieb ich bei meinem hektischen Leben und verlangte meinem Körper nach wie vor sehr viel ab.

Eines Tages bekam ich Schmerzen in den Gelenken. Nach ein paar Monaten ging ich zum Arzt. Er stellte eine Form von Arthritis fest. Das ist zwar keine seltene Erkrankung, aber bei einem Menschen meines Alters und meiner Lebensweise findet man sie im allgemeinen nicht. Ich war sicher, daß der Arzt sich geirrt hatte. So etwas konnte mir doch nicht passieren! Aber die Diagnose stimmte. Es traf mich wie ein Blitz. Was ist nur mit meinem Körper los? fragte ich mich. Was habe ich getan oder versäumt, daß das passieren konnte?

Die Antwort ist ganz einfach: Ich habe nicht genügend auf meinen Körper geachtet. Ich habe ihn zu viele Jahre lang bis zur Erschöpfung überfordert und mit zuviel wertlosem Zeug ernährt. Und meine körperliche Bewegung beschränkte sich in den letzten Jahren weitgehend auf Fingerübungen an der Tastatur meines Computers. Es war dumm von mir, mich zu sehr auf mein übriges Selbst zu konzentrieren und den Körper zu vernachlässigen.

Zur Wiederherstellung habe ich vor, mir nun einfach mehr Ruhe zu gönnen, mir vernünftige körperliche Bewegung zu verschaffen, mich noch gesünder zu ernähren und glücklich aktiv zu bleiben. Ich will weiterhin über mich und die Welt lachen und in jedem Augenblick, in dem es mir möglich ist, Frieden finden. Mein Körper war mir immer ein Freund, und obwohl wir uns manchmal benommen haben, als seien wir einander fremd, weiß ich, daß er mir seine Freundschaft nicht aufkündigen wird. Ich mache mir keine allzu großen Gedanken über meine Beschwerden und werde es nicht zulassen, daß sie mein Leben beherrschen. Zwar habe ich meinen Körper früher vernachlässigt; aber es wäre auch nicht richtig, ihm jetzt *zuviel* Aufmerksamkeit zu widmen. Unser Leben ist zu kurz, als daß wir uns Sorgen machen sollten. Ich glaube, diese Lebenseinstellung kann man als inneres Gleichgewicht bezeichnen, und ich glaube auch, daß wir uns mit diesem Gleichgewicht von innen heraus heilen können.

Wenn du krank bist, konzentrierst du dich auf deinen

Schmerz oder deine Sorgen. In dem Augenblick, in dem du deine Aufmerksamkeit auf die Krankheit gerichtet hast, füllt sie dein ganzes Leben aus. Es ist schwierig, sein gesamtes Selbst im Blickfeld zu behalten, wenn man krank ist. Aber es ist gut, sich an die großen Zusammenhänge zu erinnern – du bist Seele. Dein Körper, dein Geist und deine Emotionen sind Werkzeuge, die du brauchst, um Erfahrungen zu sammeln; aber wenn du deine Sichtweise aus dem Seelenbewußtsein herleitest, bist du mehr als nur Körper, Geist und Emotionen. An diese Auffassung solltest du dich halten, wenn du dich krank fühlst.

Vor kurzem besuchte ich meine Chiropraktikerin, und sie fragte, wie ich mich fühlte. Ohne nachzudenken, antwortete ich: «Mir geht es gut, aber mein Körper hat Schmerzen.» Das ist die Sichtweise der Seele, die den Unterschied zwischen dem wahren Selbst und den Hilfsmitteln erkennt, die das Selbst benutzt, um Erfahrungen zu machen.

Warum werden wir eigentlich krank? Der naheliegendste Grund besteht darin, daß wir uns nicht genügend um unseren Körper gekümmert und ihm nicht das gegeben haben, was er braucht, um gesund zu bleiben. Aber es gibt auch noch einen anderen Faktor, der bei der Bewahrung eines gesunden Körpers eine wichtige Rolle spielt und den man häufig übersieht: die richtige Einstellung. Unsere Einstellung ist der emotionale Ausdruck unserer geistigen Ansichten. Meistens glaubt man, daß es am besten sei, eine positive Lebenseinstellung zu pflegen. Ich bin jedoch eher der Meinung, daß die beste Lebenseinstellung auf dem inneren Frieden begründet ist, den man findet, wenn man sein Selbst kennt, an sein inneres Wachstum glaubt und das durch ein glückliches und angstfreies Leben zum Ausdruck bringt.

Angst ist eine emotionale Reaktion darauf, daß der Verstand sich durch eine Situation oder Vorstellung bedroht fühlt, die er nicht als Teil von sich erkennt, weil er beschränkte Vorstellungen hat. Ich weiß nicht, was mehr Schaden anrichtet – die Angst vor dem Tod oder die Angst vor dem Leben. Der Tod unseres physischen Körpers ist ein natürliches Ereignis, das nahezu jeden Menschen trifft. Es gibt zwar Meister, die über Jahrhunderte im selben Körper bleiben, um ihre Arbeit fortführen zu können. Doch das gilt nicht für die meisten von uns. So selbstverständlich es auch klingen mag, wir müssen uns darüber im klaren sein, daß unser Körper irgendwann einmal das Zeitliche segnen wird. Wir müssen lernen, dieser Tatsache ins Auge zu sehen und sie zu akzeptieren. Erst dann können wir uns der Aufgabe widmen, unser Leben voll und ganz zu leben – jetzt, in diesem Augenblick! Der jetzige Augenblick ist der einzige, den du unter Kontrolle hast. Jemand, der mit dem Tode rechnen muß, weil er an einer lebensgefährlichen Krankheit leidet, wird sich ganz auf die Gegenwart ausrichten, weil er annimmt, daß seine Tage gezählt sind. Für uns dagegen ist es eine Herausforderung, uns jeden Augenblicks bewußt zu sein und ihn zu würdigen, selbst wenn wir allem Anschein nach völlig gesund sind.

Dr. Bernie Siegel schreibt in seinem Buch *Liebe, Medizin und Wunder*: «Genesung ist nicht das einzige Ziel. Noch wichtiger ist es, daß wir lernen, ohne Angst zu leben, mit unserem Leben und letzten Endes auch mit dem Tod in Frieden zu sein. Dann kann der Heilungsprozeß einsetzen, und man ist nicht länger zum Scheitern verurteilt (durch den Glauben, man könne alle physischen Probleme beheben und brauche nicht zu sterben).

Um die blockierte Quelle der Liebe zum Strömen zu bringen und einen Weg kreativen spirituellen Wachstums zu beschreiten, müssen wir uns von unseren Ängsten lösen. Aber das ist sehr schwierig, vor allem, wenn es so aussieht, als müßten wir morgen noch *nicht* sterben. Wenn unsere Zeit nicht so begrenzt ist, fällt es uns oft viel schwerer, uns fallenzulassen. Um diese ‹einfache› Veränderung vornehmen zu können, müssen wir uns durch unsere negativen Empfindungen hindurcharbeiten und über sie hinauswachsen. Das gelingt uns aber nur, wenn wir erkennen, daß uns niemand glücklich oder traurig *macht*. Unsere Emotionen *widerfahren* uns nicht einfach; es ist viel eher so, daß wir uns für sie *entscheiden*. Tatsächlich sind unsere eigenen Gedanken, Empfindungen und Handlungen das einzige, was wir wirklich unter Kontrolle haben.»

Die Furcht vor dem Leben ist vielleicht unsere komplexeste Angst. Viele Menschen sind nicht zufrieden mit sich oder ihren Lebensumständen. So wie ihr Leben bisher war, wollen sie es nicht weiterführen, und deshalb möchten sie gar nicht mehr leben. Der Hauptgrund liegt fast immer in einengenden Glaubens- und Vorstellungsmustern. Diese Vorstellungen lösen Gefühlsmuster wie Angst, Trauer und Besorgnis aus. Vielleicht fürchtest du, daß du es nicht wert bist, geliebt und verstanden zu werden oder erfolgreich zu sein, oder daß es dir nicht bestimmt ist, glücklich zu sein. Für diese Befürchtungen gibt es einen Grund, und falls du an einer solchen Angst leidest, solltest du dich beraten lassen, damit du den Grund erkennst und lernst, neue, positive Vorstellungsmuster im Hinblick auf deine eigene Person zu entwickeln. Als erstes mußt du akzeptieren, daß es etwas gibt, was dich innerlich einengt, und dann mußt du den Wunsch haben, aus dieser Beschränkung herauszukommen. Die Antwort *kann* leicht gefunden werden, aber danach muß man sich selbst bemühen, die Situation zu begreifen und zu berichtigen. Man sollte sich niemals dafür schämen, denn jeder Mensch hat irgendwelche Vorstellungen von sich, die ihn einengen – grundsätzlich jeder! Und jedem würde es guttun, seine Ansichten und Denkmuster einmal einer genauen Prüfung zu unterziehen.

Wenn ich jemandem begegnet bin, der Angst vor dem Leben hat, habe ich mir immer gewünscht, ihn beruhigen zu können, indem ich ihm aus meiner Sicht zeige, wie sein Leben sein kann. Diese Vision kann man anderen leider nicht direkt weitergeben, aber vielleicht kann man ihnen helfen, sich für neue Vorstellungen zu öffnen. Ich wiederhole in meinen Seminaren wieder und wieder, daß jeder Mensch Seele und ein göttliches spirituelles Wesen ist. Die Verrücktheit dieser Welt hat ihren Sinn. Sie soll dir helfen, zu erkennen, wer du bist, durch die Entscheidungen, zu denen die Konflikte dieses Lebens dich zwingen, innerlich zu wachsen, in allen Lebensbereichen dein göttliches Wesen zum Ausdruck zu bringen und auf deinem persönlichen Weg zur Selbst- und GOTTESerkenntnis in Ausgeglichenheit voranzukommen. Jemand, der jeden Tag darum kämpfen muß, einen Sinn in seinem Leben zu finden, wird meine Botschaft, daß er Seele ist und erstaunliche innere Kräfte besitzt, vielleicht nicht so recht begreifen, das ist mir klar. Es ist, als redete man einem Verhungernden ein, daß GOTT ihn liebt und für ihn sorgen wird. Man täte besser, sich zuerst um seine unmittelbarsten Bedürfnisse zu kümmern und ihm etwas zu essen zu geben. Nachdem er dann allmählich darauf vertrauen kann, daß er regelmäßig sein Essen bekommen wird, wird er vielleicht langsam die Existenz eines liebenden GOTTES in Erwägung ziehen. Zuerst also müssen wir feststellen, wo unsere innere Begrenzung liegt. Haben wir uns von ihr frei gemacht, können wir beginnen, unser Leben ganz in die Hand zu nehmen.

Manchmal rufen wir eine Krankheit absichtlich herbei. Wann passiert so etwas? Vielleicht findest du die Antwort, indem du dich immer, wenn du dich nicht wohl fühlst, fragst: «Wozu brauche ich diese Krankheit?» Um noch einmal Bernie Siegel zu zitieren: «(Diese Frage) hilft dem Patienten, die psychischen Bedürfnisse zu begreifen, die seine Krankheit vielleicht erfüllt. Eine Krankheit gibt einem eine Art ‹Freibrief›, Dinge zu tun, die man sich normalerweise nicht trauen würde. Sie macht es uns unter Umständen leichter, zu unerwünschten Lasten, Pflichten, Aufgaben oder Anforderungen anderer nein zu sagen. Sie kann auch eine Entschuldigung für uns sein, etwas zu tun, was wir schon immer tun wollten, wozu wir aber bisher immer ‹zu beschäftigt› waren. Eine

Krankheit gibt uns Zeit, nachzudenken, zu meditieren und eine neue Richtung für unser Leben ins Auge zu fassen. Sie kann aber auch als Ausrede für Mißerfolg dienen. Sie kann es uns erleichtern, Liebe zu fordern und zu akzeptieren, unsere Gefühle offen auszusprechen oder auch in anderer Hinsicht ehrlicher zu sein. Selbst hinter einer Erkältung steckt ein solcher tieferer Sinn. Häufig will unser Körper uns damit sagen: ‹Du hast zuviel gearbeitet. Geh nach Hause und pflege dich.› Und um es nicht zu vergessen, wir lernen schon von klein auf in der Schule, daß die Tage, an denen man fehlt, weil man krank ist, ins Zeugnis eingetragen werden. Die Tage, an denen man gesund ist, werden gar nicht erwähnt. Nimm dir hin und wieder ein paar Tage Zeit, um deinen Bedürfnissen nachzukommen. Dann wirst du keine Krankheit mehr brauchen.»

Ein anderer Schlüssel zu einem friedlichen und gesunden Leben heißt «Annahme». Es ist besser, seine Lebensumstände als Teil seiner jetzigen Erfahrungswelt zu akzeptieren, als sie einfach nicht wahrhaben zu wollen oder sich von Ängsten und Sorgen niederdrücken zu lassen. Das bedeutet nicht, daß du dich geschlagen gibst. Indem wir unsere Krankheit akzeptieren und in ihr Frieden finden – manche würden sagen, sie lieben –, verschaffen wir unseren Emotionen Ruhe, und der Körper kann damit beginnen, sich selbst zu heilen. Innere Heilung fängt mit innerer Harmonie an, die aus deiner friedvollen und *bewußten* Einstellung zu deinem gesamten Selbst erwächst.

Ich freue mich, wie ehrlich Bernie Siegel uns sagt, was wir tun können, um selbst zu unserer Heilung beizutragen. Ebenso beeindruckt mich seine Offenheit im Hinblick auf seinen Berufsstand. Er hat viel mit Krebspatienten gearbeitet. Ich glaube, jeder Mensch empfindet unwillkürlich Angst, wenn er das Wort «Krebs» hört, und inzwischen müssen wir schon wieder einer neuen Angst ins Auge sehen – AIDS. Mit diesen beiden Krankheiten assoziieren wir Tod. Und es sind auch tatsächlich schon viele Menschen daran gestorben, aber ebenso haben einige überlebt.

Wenn jemand mit der Diagnose einer lebensbedrohenden Krankheit konfrontiert wird, ist es nur natürlich, daß er wissen möchte, wie lange er noch zu leben hat. Wir ziehen Ärzte zu Rate, weil wir auf ihre Erfahrung und ihr Urteil bauen, warum also sollten wir ihnen dann nicht glauben? Bernie Siegel schreibt in *Liebe, Medizin und Wunder:* «Es ist ein verhängnisvoller Fehler, als Arzt die übliche Prognose zu stellen, wie lange ein Patient noch zu leben hat. Das ist eine Prophezeiung, die sich selbst erfüllt. Man muß dieser Versuchung widerstehen, auch wenn viele Patienten immer wieder fragen: ‹Wie lange noch? Wie lange noch?› Sie möchten, daß jemand anders die Grenzen ihres Lebens festsetzt, statt selbst an dieser Entscheidung teilzuhaben. Menschen, die ihren Arzt mögen und sich passiv verhalten, sterben häufig genau ‹nach Plan›, als wollten sie beweisen, daß ihr Arzt recht hatte.

Man muß allen Patienten die Überzeugung zugestehen, daß sie wieder genesen *können,* ganz egal, wie ihre Chancen stehen. Außergewöhnliche Patienten sind in der Lage, die Statistik über den Haufen zu werfen – einfach zu sagen: ‹Ich *kann* überleben› –, selbst wenn der Arzt nicht klug genug ist, das zu tun.»

Das gleiche gilt für Krankheiten, die nicht lebensgefährlich sind. Als ich diesen Sommer den Rasen mähte, stieß ich auf ein Wespennest. Bis ich begriff, was geschehen war, und ins Haus rannte, hatten mich schon zweiundzwanzig Wespen gestochen. Ich weiß nicht, wie das passieren konnte, da ich so schnell davonlief. Aber es war so. Mein Körper erlitt einen Schock, und ich fühlte eine halbe Stunde lang überhaupt keinen Schmerz. Meine Frau und ich waren ziemlich besorgt; also fuhren wir ins Krankenhaus, um sicherzugehen, daß mit mir alles in Ordnung war. In dem Augenblick, als wir auf den Parkplatz des Krankenhauses einbogen, begannen die Stiche plötzlich zu schmerzen. Wie viele Menschen brachte ich Krankenhaus automatisch mit Krankheit und Schmerzen in Verbindung, und mein Körper reagierte sofort auf dieses innere Konzept – ich empfand tatsächlich Schmerz! Der Arzt fragte mich, ob ich allergisch gegen Insektenstiche sei, und ich verneinte. Er untersuchte mich und zog die verbliebenen Stacheln aus meinen Beinen. Dann erklärte er mir, ich solle mich nicht wundern, wenn ich in Zukunft schon auf einen einzigen Stich heftig allergisch reagieren würde, und müsse sofort zum Arzt gehen, falls das passieren sollte. Ich sah ihn an und bat: «Sagen Sie mir das nicht! Wenn ich das glaube, dann *wird* es auch passieren. Wenn zweiundzwanzig Wespen mich nicht umbringen konnten, wird eine es niemals schaffen!» Als ich hinausging, rief er mir noch nach: «Wenn Ihr Herzschlag aussetzen sollte, sagen Sie mir Bescheid.» Das wäre ein guter Witz gewesen, wenn er es nicht ernst gemeint hätte!

Ich weigere mich, in Zukunft Angst vor Insektenstichen zu haben. So will ich nicht leben. Vielleicht gibt es für das, was der Arzt mir gesagt hat, tatsächlich medizinische Beweise; aber ich weiß, wenn ich an seine Prognose glaube und Angst davor habe, dann wird sie sich auch erfüllen. Ich möchte mich lieber für stärker halten. Ich lebe von Augenblick zu Augenblick. Ich sehe, was vor mir liegt, und baue meine Urteile darauf auf, was sich im Gesamtzusammenhang meines Lebens ereignet, und nicht auf Wahrnehmungen, die mir die Angst eingibt.

Mein Körper reagierte tatsächlich sehr heftig auf das Gift der Wespenstiche, und ich hatte einige Tage lang ziemlich starke Schmerzen. Das geschah, kurz bevor ich nach Seattle fliegen sollte, um dort ein Seminar abzuhalten. Aber ich war entschlossen, mich durch nichts von dieser Reise abhalten zu lassen, also hielt mich auch nichts ab. Persönliche Willenskraft läßt sich in persönliche Stärke verwandeln.

Viele Leute werden sich wahrscheinlich fragen, was ich in

meinem Leben angestellt habe, um zu bewirken, daß Wespen mich angriffen. Sind wir tatsächlich für unsere Krankheiten verantwortlich? Führen wir sie selbst herbei? Wir sind für unser *Handeln* verantwortlich. Vernachlässigen wir unseren Körper, weil wir seine physischen und emotionalen Bedürfnisse nicht erfüllen, ist die Wahrscheinlichkeit groß, daß er irgendwann einmal seinen Dienst versagt. Das ist die unmittelbare Wirkung einer Ursache und leicht zu verstehen. Auf diese Weise kommen die meisten kleineren Beschwerden zustande. Manche mögen auch glauben, daß die gesundheitlichen Probleme, die sie zu tragen haben, auf karmische Ursachen zurückzuführen sind. Aber, um ehrlich zu sein, nur ganz wenige Menschen sind in der Lage, solche Zusammenhänge zu erkennen. Das Wort Karma muß für viel zu viele Situationen als Ausrede und Rechtfertigung herhalten. Wenn wir die Schuld an einer Erkrankung unserem Karma zuschieben, wollen wir damit oft nur der Verantwortung für unser Leben aus dem Weg gehen.

Trägt ein kleines Kind die Verantwortung dafür, wenn es geistig zurückgeblieben oder verkrüppelt auf die Welt kommt? Wie ist so etwas zu erklären? Viele dieser Fälle *haben* eine karmische Ursache. Das sollte man jedoch nicht als etwas Negatives oder als Strafe ansehen. Wir wohnen in einem physischen Vehikel, das wir als Körper bezeichnen, um das Leben auf dieser Erde zu erfahren. Wir handeln aus unseren Erfahrungen heraus, und das Ergebnis dieser Erfahrungen, das wir dann sehen, ist die Reaktion. Karma bedeutet Ursache und Wirkung, es ist an sich weder gut noch schlecht. Nur unsere Wahrnehmung läßt es als positiv oder negativ erscheinen. Unsere Handlungen häufen sich an und bewirken Reaktionen, die sich über viele Existenzen hinweg erstrecken, bis unser Karma ausgeglichen ist. Wenn es auch schwierig ist, das Leiden eines kleinen Kindes zu begreifen – sobald wir die größeren Zusammenhänge betrachten, offenbart sich uns ein Wunder an innerem Wachstum. Dieses

Wachstum erlebt nicht nur die Seele, die in dem kleinen Körper des Kindes wohnt. Jeder, den dieses Kind rührt, kann daran wachsen – seine Familie, seine Freunde und auch die Ärzte und das Pflegepersonal. Wir vergessen, daß in dem Körper des Kindes ein göttliches spirituelles Wesen lebt – die Seele. Diese Seele steht jenseits des Zeitmaßes des Alters. Sie wächst, indem sie an den Konflikten des Lebens teilhat und immer wieder Entscheidungen treffen muß, die sie zu Erkenntnissen führen.

Viele unserer gesundheitlichen Probleme gehören zu dem ständigen Konflikt, mit dem diese Welt uns konfrontiert. Es gibt kaum schwerere Konflikte als Schmerz und Leiden, und diese Konflikte erwachsen nicht immer unmittelbar aus einer Handlung der betroffenen Person. Durch unseren Mangel an *Wissen* und unsere Unfähigkeit, auf dem Mittelweg zu leben, geraten wir oft ins Kreuzfeuer des positiven und des negativen Stroms, durch den Konflikte entstehen. Verwechsle Positiv und Negativ nicht mit Gut und Schlecht, beide Ströme sind göttliche Aspekte des GEISTES. So mächtig diese Aspekte auch sein mögen – ihre Wirkungsweise ist doch etwas mechanisch. Der positive und der negative Strom erzeugen die Aktionen und Reaktionen, aus denen die Struktur unseres Universums, unserer Welt und unserer Körper besteht. Wenn wir uns bewußt bemühen, nur im Positiven zu leben, werden wir zwangsläufig mit dem Negativen konfrontiert werden. Und wenn wir versuchen, nur im Negativen zu leben, wird sich uns das Positive in den Weg stellen. Dies ist ein häufiges Problem für Leute auf dem spirituellen Weg. Es ist ein Irrtum, zu glauben, man könne aus seinem Leben auf dieser Welt eine hundertprozentig positive oder eine hundertprozentig negative Erfahrung machen. Das Geheimnis besteht darin, auf dem mittleren Weg zu bleiben und Gleichgewicht zu erlangen. Die Welt besteht nun einmal aus beiden Aspekten.

Die Ansicht, daß negative oder einengende Vorstellungen

auch entsprechende körperliche Symptome hervorrufen, ist heutzutage sehr populär. Der Gedanke ist nicht neu, und es gibt auch tatsächlich Situationen, wo das zutrifft, aber wir messen dem viel zu große Bedeutung bei. Wenn wir für jedes Problem in unserem Leben eine Ursache suchen, verzerren wir dieses Konzept. Ich war zum Beispiel vor kurzem auf einer Messe, und nach zwei Tagen begannen meine Schultern zu schmerzen. Einer weitverbreiteten Theorie zufolge wären die Schmerzen in meinen Schultern darauf zurückzuführen gewesen, daß ich an einer schweren emotionalen Last zu tragen hatte. Falsch. Die Schmerzen kamen von den dreißig Pfund schweren Büchern, die ich in einer Tasche mit mir herumgeschleppt hatte!

Einmal hörte ich bei einer Veranstaltung einem der vielleicht bekanntesten Vertreter dieses Denkens zu. Eine Frau aus dem Publikum berichtete, sie sei ausgerutscht und habe sich das Kinn angeschlagen, als sie aus dem Swimmingpool steigen wollte. Sie fragte den Lehrer, wie es wohl dazu gekommen sei. Die Antwort lautete, daß sie wahrscheinlich in irgendeinem Bereich ihres Lebens zu vorwitzig sei, das habe ihr äußerer Sturz und die Kinnverletzung bewiesen. Das war nun wirklich eine sehr alberne Interpretation. Zur Zeit ist ein Bestseller auf dem Markt, in dem viele solche Ursache-Wirkung-Beziehungen aufgelistet sind. Man wäre dumm, in dieser Liste nach seinen Beschwerden zu suchen und die angegebene Ursache einfach zu akzeptieren, nur weil dieser Lehrer es behauptet. In deinem eigenen Interesse solltest du dein Leben aus einer umfassenderen, ausgewogeneren Perspektive betrachten, damit du erkennst, wo der Grund für deine Verfassung liegen könnte.

Es ist ebenfalls ein Irrglaube, daß Menschen, die als spirituell fortgeschritten gelten, keine Krankheiten bekommen. Manchmal wird behauptet, wenn ein Meister krank wird oder ein Leiden entwickelt, gehe Ihm ein Teil Seines spirituellen Bewußtseins verloren. Das ist schlichtweg falsch. Unabhängig von Ihrem spirituellen Bewußtseinsstand muß jede Seele, die einen physischen Körper benutzt, Sich auch um dessen Bedürfnisse kümmern oder die Konsequenzen tragen, wenn Sie ihn vernachlässigt. Ein Meister beschäftigt Sich gewöhnlich intensiver mit Seiner Arbeit für GOTT und für andere Menschen als mit Seinem eigenen Körper.

Bittet ein Meister den GEIST um Heilung, oder heilt Er Sich selbst? Der eigene Wille des Meisters und der GEIST geben Ihm die Kraft, Seine Mission zu erfüllen. Doch der GEIST bewahrt einen Meister nur selten vor gesundheitlichen Schwierigkeiten. Und ein Meister heilt Sich auch selten auf metaphysischem Weg oder bittet den GEIST, Ihn zu heilen. Er plant, wie Er leben möchte, und je nach der Art Seiner Arbeit und der Zeitdauer, für die Er einen Körper in dieser Welt braucht, entscheidet Er, wieviel Aufmerksamkeit Er Seinem Körper widmen muß, um Seine Arbeit fortsetzen zu können.

Sollte ein Mensch auf dem spirituellen Weg den GEIST um Heilung bitten? Es gibt eine richtige Art, den GEIST um Hilfe anzurufen: Du bittest Ihn um das, was für deine gesamte spirituelle Entwicklung am besten ist. Es mag sein, daß der GEIST dir hilft, indem Er dich heilt. Es kann aber ebensogut sein, daß Er es nicht tut. Vielleicht brauchst du die Erfahrung dieser Krankheit, um in die nächste Serie von Erkenntnissen hineinzuwachsen, oder du brauchst die Erfahrung einer Heilung. Der GEIST weiß, was für dein Leben am besten ist.

Wenn du dir um jemand anders Sorgen machst, bitte den GEIST, das zu tun, was für die gesamte Schöpfung am besten ist. Ich habe schon oft erlebt, daß der GEIST jemanden auf die Bitte einer anderen Person heilte. Wenn Er es nicht tut, dann erfüllt die Erfahrung der Krankheit einen ganz bestimmten Zweck für diesen Menschen.

Sollte man sich oder andere auf paranormalem Weg heilen? Heilung mit Hilfe außersinnlicher Methoden bedeutet nur eine begrenzte Heilung, die sich auf deine Kraft oder dein Licht auswirkt. Es ist schon möglich, sich oder andere Menschen mit Hilfe seiner persönlichen Kräfte zu heilen, aber man muß einen Preis dafür bezahlen. Im Konflikt der Krankheit lernen wir häufig sehr viel. Falls du mit dem Gedanken spielst, jemanden zu heilen, solltest du dich vorher fragen, ob du in der Lage bist, die größeren Zusammenhänge im Leben dieses Menschen zu erkennen. Vielleicht beraubst du ihn der Möglichkeit, durch diese Krankheit zu wachsen. Willst du diese Verantwortung tragen? Wenn wir allerdings in dem Glauben leben, GOTT möchte nicht, daß wir leiden oder krank sind, werden wir das nie begreifen. Sehen wir nur den kleinen Rahmen, glauben wir vielleicht, daß kein Mensch leiden sollte, weil wir Leid für etwas Grausames halten. In den größeren Zusammenhängen kann die Krankheit jedoch einen Teil des Konflikts darstellen, der uns bei unserem spirituellen Wachstum hilft. Gesundheit kann genauso zu diesem Konflikt gehören. Die Krankheit hat ihren Platz im Leben, aber auch die Heilung, die Medizin und jene Seelen, die ihr Leben der Unterstützung kranker Menschen widmen. Man muß erkennen, daß jeder Mensch am komplexen Spiel des Lebens in den großen Zusammenhängen teilhat. Wir sind entweder die Ursache oder die Wirkung. Nimm dir Zeit, um zu erkennen, was in den großen Zusammenhängen geschieht. Laß dich nicht von emotionalem Mitgefühl blenden. Triff eine *bewußte* Entscheidung für dein Leben.

Muß man eigentlich leiden? Es gibt einen Unterschied zwischen Krankheit und Leiden. Physischer Schmerz gehört zur Krankheit, aber durch seine Einstellung kann man ihn noch schlimmer machen. Überlege, in welchem Ausmaß Schmerz von deiner inneren Einstellung verursacht wird. Nehmen wir zum Beispiel einmal an, du bist gerade bei der Arbeit und beginnst die Symptome einer Grippe zu spüren. Die ersten Anzeichen hast du schon seit Tagen gefühlt, aber nun kommt sie richtig zum Durchbruch. Es ist elf Uhr morgens, und eigentlich müßtest du die Arbeit von drei Tagen an einem einzigen Tag bewältigen. An Heimgehen ist also gar nicht zu denken. Du sitzt am Schreibtisch, schaust auf die Uhr, und dir wird bewußt, daß du noch sieben Stunden durchhalten mußt, ehe du ins Bett sinken kannst. Augenblicklich geht es dir schlechter. Du hast deiner Krankheit noch eine weitere Bürde hinzugefügt. Das ist eine Auswirkung deiner Einstellung.

Dabei gäbe es einen viel besseren Weg, mit der Situation fertig zu werden. Zum Beispiel könntest du die Arbeit einfach vergessen und nach Hause gehen, um dich auszukurieren. Ist das nicht möglich, halte einen Moment inne, komm zur Ruhe, und untersuche deine Situation in diesem Augenblick. Ja, du fühlst dich sehr unwohl, weil du Grippe hast. Deine Glieder schmerzen, und du hast nicht viel Energie. Nimm all deine innere Kraft zusammen, und akzeptiere, daß du dieser Situation jetzt ins Auge sehen mußt. Hole tief Luft. Zwinge dich zu einem Lächeln. Deine Krankheit wird schon wieder vergehen, aber jetzt mußt du deine Arbeit zu Ende bringen. Finde dich mit der Tatsache ab. Erkenne, daß du mehr bist als nur dein schmerzender Körper, deine aufgewühlten Emotionen, deine verwirrten Gedanken. Du bist Seele, ein göttliches spirituelles Wesen, und hast auch in diesem Augenblick dein Leben unter Kontrolle. Geh wieder an deine Arbeit, und vertiefe dich in sie. Dann wird sich alles andere von Augenblick zu Augenblick von selbst ergeben. Die Zeit wird vergehen, und die Arbeit wird getan. Verbiete deinem Verstand, auf dem Schmerz zu verweilen, denn dadurch geraten nur deine Emotionen in Bewegung. Sobald du merkst, daß dein Verstand sich wieder einschaltet, wiederhole den oben beschriebenen Vorgang noch einmal. Kann das tatsächlich funktionieren? Ja!

Äußere Hilfsmittel wie Arznei, Pflege oder spirituelle Heilkräfte können die Genesung unterstützen, aber die wahre Heilung beginnt im Inneren. Lerne dein Selbst vollständig kennen, und lasse alle Komponenten zusammenwirken, damit du auf deinem spirituellen Pfad freier und glücklicher weiterwächst.

12
Zwischenmenschliche Beziehungen

Bei unserem Prozeß der Selbstentdeckung sind wir Menschen Spiegel füreinander. Wir sehen an anderen die positiven Züge, die wir selbst gern hätten, und auch einige negative Charaktereigenschaften, von denen wir befürchten, daß wir sie bereits besitzen. Ich staune immer wieder, auf wie viele verschiedene Arten Menschen, die miteinander leben, sich gegenseitig bei ihrem spirituellen Wachstum unterstützen. Das ist natürlich kein Zufall. Es ist ein Teil des göttlichen Plans, nach dem die Seele Sich selbst immer besser kennenlernen soll. Durch das Wechselspiel des Lebens erhalten wir die Erfahrungen und auch einen großen Teil der Informationen, die wir brauchen, um unser persönliches inneres Wissen zu entdecken.

Wenn wir uns einer neuen Erfahrung nähern, erkennen wir sie zuerst einmal an ihrer Ähnlichkeit mit etwas, was wir im Leben der Menschen in unserer Umgebung bereits beobachtet haben. Wenn wir dann die richtige Information in unserem Inneren entdecken, wachsen wir über unser bisheriges Bild hinaus, und uns wird ein Teil von uns bewußt, den wir vorher nicht kannten. Wir sind neu, wir wachsen, wir *kennen* plötzlich einen ganz persönlichen Aspekt unseres Lebens, und wir wissen, daß wir ihn mit niemand anders teilen können und ihn auch niemand anders verstehen würde. Doch dieser Kreislauf geht weiter, und dann gibt es dort draußen jemanden, der ein Bild *unserer* persönlichen Erfahrung sieht und dieses Bild in seinen eigenen inneren Erkenntnisprozeß aufnimmt, um es später irgendwann zu verwerten. So setzt sich der Zyklus immer weiter fort.

Es ist interessant, einmal einen Schritt zurückzutreten und zu beobachten, wie Menschen miteinander umgehen. Noch interessanter ist es vielleicht, zu sehen, wie wir selbst uns in einer Beziehung verhalten. Wieviel wird gegeben und genommen? Wer ist hauptsächlich der Nehmende und wer der Gebende? Wieviel persönliche Aufrichtigkeit ist bei beiden vorhanden? Wie gut kannst du deine eigenen Bedürfnisse und die der anderen Person wahrnehmen? Könntet ihr beide in völliger Freiheit und Hochachtung auseinandergehen? Durch Beobachtung und indem man sich diese Fragen stellt, kann man lernen, was hinter jeder Beziehung steckt und wie man aus einer Beziehung mehr gewinnen kann als nur oberflächliche Höflichkeit und ein Miteinanderumgehen, das von Normen geprägt ist.

Die Verhaltensnormen unserer Gesellschaft – das heißt, die Wertmaßstäbe, die bestimmen, was man tun darf und was nicht – variieren in den Vereinigten Staaten von Gegend zu Gegend. Allerdings sind sie jetzt einheitlicher als früher. Wie bei allen Formen des Lernens neigen wir dazu, was andere tun, nachzuahmen. In ländlichen Gegenden und kleineren Städten ist das Leben nicht so bunt, und die Lebensweisen sind nicht so unterschiedlich. Doch durch das Fernsehen haben wir fast unbegrenzten Zugang zu anderen Lebensweisen. In Amerika gehen die Leute anders miteinander um als in Europa, und westliches Verhalten ist völlig anders als östliches. Es wird zwar noch viele Jahre visueller Kommunikation erfordern, aber eines Tages wird sich die ganze Welt an gemeinsamen sozialen Verhaltensnormen orientieren. Schon heute trägt man in vielen Ländern auf der ganzen Welt die offizielle westliche Kleidung – Anzug und Krawatte –, und der Händedruck zur Begrüßung ist weit verbreitet.

Trotzdem fällt es den meisten immer noch schwer, Unbekanntes zu akzeptieren. Das gilt zum Beispiel für den Orientalen, der versucht, mit Abendländern zu kommunizieren, und umgekehrt. Noch deutlicher wird das, wenn wir uns vor Augen halten, wie schwer es schon sein kann, sich an eine Gruppe anzuschließen und dort Freunde zu finden. Aber wenn man dann mit eigenen Augen erkennt, daß der andere im Grunde genommen genauso ist wie man selber, gleichgültig, welcher Nationalität er angehört, tritt eine wunderbare Veränderung ein – man akzeptiert den anderen.

Unser Ego treibt oft seltsame Spiele mit uns. In dem Bemühen, akzeptiert zu werden, machen wir uns noch gegenseitig Konkurrenz. Wir richten automatisch Verteidigungsmauern auf, wenn wir einen neuen Menschen kennenlernen, als könnte er uns etwas wegnehmen. Wir fürchten, die Kontrolle über die Situation zu verlieren, wenn wir einem neuen Bekannten gegenüber aufgeschlossen und aufrichtig sind. Wir reagieren, statt zu agieren, und wenn wir reagieren, gerät unsere Kontrolle über das Geschehen leicht ins Wanken. Die einzige Kontrolle, um die es uns gehen sollte, ist die Kontrolle über unsere eigenen Emotionen, Gedanken und Handlungen. Es ist traurig, wenn man sieht, wie gerade Menschen, die am wenigsten Kontrolle über sich selbst zu haben scheinen, andere kontrollieren wollen. Die Welt ist voll von Leuten, die versuchen, das Leben anderer unter ihre Kontrolle zu bringen. Dieses Kontrollbedürfnis rührt von ihrer Unsicherheit her. Das Bild, das ein solcher Mensch vom Leben hat, suggeriert ihm, daß er alles und jeden in seiner Umgebung beherrschen muß. Dann, so meint er, würde er geliebt oder zumindest akzeptiert werden. Er setzt Kontrolle mit Anerkennung gleich und den Verlust der Kontrolle mit Ablehnung. Das ist eine etwas andere Form der Kontrollausübung als bei Leuten, die gerne manipulieren. Hinter Manipulation steckt hauptsächlich das Ego.

Wenn in einer Beziehung ständig Kämpfe um die Vorherrschaft ausgefochten werden, kann das zwei Gründe haben. Entweder empfindet man sich innerlich als unvollständig, oder man sieht den anderen nicht so, wie er wirklich ist. Der erste Schritt zur Selbsterkenntnis besteht darin, sich darüber klarzuwerden, wie man sich selbst sieht, und darüber, was man im Leben zu wollen und zu verdienen glaubt. Woher kommen diese Vorstellungen? Die meisten Menschen würden sagen, daß ihr Selbstbild aus ihrer Kindheit stammt, und zu einem großen Teil ist das auch wahr. Doch wer den spirituellen Weg geht, weiß, daß einige dieser Vorstellungen ihren Ursprung in vergangenen Leben haben und hin und wieder in diesem Leben an die Oberfläche steigen. In beiden Fällen gibt es nur eine Lösung. Es nützt nichts, dem Ursprung dieser einengenden Vorstellungen – den Eltern oder der Gesellschaft – die Schuld zuzuschieben. Man muß sie vor allem erkennen und entscheiden, was man *jetzt* in seinem Leben verwirklichen möchte. Es gibt keine schnelle Lösung. Der Prozeß der Selbsterkenntnis beginnt bei deinem täglichen Leben, deinen Vorstellungen über dich und deinem Verhalten. Es ist ein mühsamer Prozeß, doch du wirst belohnt mit Freiheit und der Zuversicht, zu wissen, wer du bist und was für Möglichkeiten du im Leben hast.

Oft sehen wir, wie jemand, der sich auf dem spirituellen Weg befindet, die Antworten auf seine Fragen verzweifelt in den spirituellen Prinzipien sucht. Häufig zieht er sich zurück und vertieft sich ganz in eine spirituelle Richtung, während in seinem persönlichen Leben totales Durcheinander herrscht. Das ist falsch. Unser Weg sollte keine Flucht vor uns selbst sein, sondern eine allmähliche Erkenntnis unserer gesamten inneren und äußeren Welt.

Was siehst du, wenn du einem anderen Menschen begegnest? Erkennst du in ihm ein göttliches spirituelles Wesen?

Wahrscheinlich nicht. Wir sind nicht daran gewöhnt, einander als Seele zu sehen – aber das sind wir in Wirklichkeit. Versuche die folgende Übung: Bei der nächsten Begegnung sollst du als erstes daran denken, daß dieser Mensch *wirklich* ein spirituelles Wesen ist, genauso wie du, und daß er Handlungsfreiheit und den gleichen Respekt verdient, den auch du dir wünschst. Tue das jedesmal, wenn du jemandem begegnest, ganz egal, ob es ein Fremder oder ein Freund ist. Nimmst du diese Person dann nicht ganz anders wahr?

Beziehungen funktionieren am besten, wenn jeder dem anderen großzügig von sich geben kann und sich von den Anforderungen und Einmischungen anderer Menschen frei gemacht hat. Welches Maß an Respekt erwarten wir grundsätzlich? Wir möchten selbst über unser persönliches Leben entscheiden dürfen, ohne daß Individuen, die Wirtschaft oder die Regierung Druck oder Gewalt auf uns ausüben. Wir möchten die gleichen Chancen haben wie andere, das zu erreichen, was wir zum Leben brauchen und was wir an Annehmlichkeiten möchten. All das wünschen wir uns instinktiv, denn es sind spirituelle Prinzipien. Wir wünschen sie uns, weil die Stimme der Seele zu unserem Verstand und unserem Herzzentrum spricht und uns diese Dinge als *Bedürfnisse* vorgibt, die erfüllt sein müssen, damit die Seele glücklich sein und Sich vollkommen fühlen kann. Von einer höheren Ebene aus betrachtet, spiegeln sich diese Bedürfnisse in den folgenden spirituellen Prinzipien wider: *Jede Seele hat das spirituelle Recht auf innere Freiheit und die Fähigkeit, diese Freiheit nach außen in der physischen Welt zum Ausdruck zu bringen; jede Seele hat die Weisung zu überleben und das tief innerliche Bedürfnis, alle Lebensbereiche zu erforschen, um Ihren Weg zurück zu GOTT zu finden.*

Wir haben das Recht, in unserem eigenen Erfahrungsbereich zu leben. Niemand ist berechtigt, ohne unsere Erlaubnis in unseren persönlichen Raum einzudringen. Das bedeutet auf einer höheren Ebene: *Jede Seele hat die Fähigkeit, Ihre eige-*

nen Entscheidungen zu treffen, und jede Seele hat das spirituelle Recht zu handeln und ist für Ihre Handlungen dann auch selbst verantwortlich.

Gelten diese Prinzipien auch in familiären Beziehungen? Ja, und gerade da sollten wir uns dieser Gesetze noch stärker bewußt sein, weil solche Beziehungen besonders eng sind. Vertrautheit verleitet uns oft zu dem Glauben, daß wir einem Familienmitglied gegenüber alles sagen oder tun können, was wir wollen. Meist haben wir das Gefühl, daß wir ihm ungehemmt unsere Meinung sagen und auch versuchen dürfen, Kontrolle über sein Leben auszuüben, nur weil er zu unserer Familie gehört. Wir glauben, das gäbe uns das Recht dazu – aber das stimmt nicht.

Muß es in unserem Leben eine enge Beziehung geben? Nein. Wir sollten uns nicht unvollkommen fühlen, wenn wir keinen Partner haben – obwohl es vielen Leuten so geht. Wenn wir so empfinden, suchen wir das Glück außerhalb von uns. Es gibt zwar genügend Menschen, die auch allein glücklich sind, doch den meisten fällt es schwer, allein zu leben, weil uns von klein auf eingeprägt wurde, daß man mit jemandem zusammenleben sollte.

Ich bekomme häufig Briefe von Menschen, die einen Partner finden möchten und mich um Rat fragen. Wie in vielen anderen Lebensbereichen treiben wir auch bei der Partnersuche ein merkwürdiges Spiel mit uns selbst. Wir möchten jemanden finden, der unser Leben mit uns teilt, scheinen aber nur wenig dafür zu tun. Mit der Partnersuche ist es so ähnlich wie mit der Arbeitssuche: Zuerst muß man sich darüber klarwerden, was man will, und dann muß man Schritte unternehmen, um es zu erreichen. Wenn du bei deiner Arbeit nur mit wenigen Menschen in Berührung kommst und auch privat nicht viele Kontakte hast, ist es nicht sehr wahrscheinlich, daß du jemanden kennenlernen wirst. Das ist eigentlich logisch, aber die Leute erwarten trotzdem, jemanden zu finden – wie durch ein Wunder. Ich fragte einmal eine Frau, die mich um Rat bat, was sie denn tun würde, wenn der Mann, der ihrem Wunschbild entspricht, plötzlich ohne jede Voranmeldung vor ihrer Tür stünde. Würde sie sagen: «Ach, da bist du ja endlich. Wo warst du denn die ganze Zeit?» Oder würde sie ihn fortschicken? Ich fürchte, sie würde letzteres tun. Aber nach den Anstrengungen zu urteilen, die sie unternimmt, um jemanden kennenzulernen, wäre das so ziemlich die einzige Möglichkeit, wie sie zu einem Mann kommen könnte!

Wenn man einen Partner finden möchte, muß man sich gezielt darum bemühen, neue Menschen kennenzulernen. Dazu muß man nicht unbedingt in Bars oder Kneipen gehen. Suche Kontakt zu Leuten, die die gleichen Interessen haben wie du. Du kannst zum Beispiel einen Kurs über ein Thema besuchen, das dich neugierig macht, oder dich einer Gruppe anschließen, die ähnliche Vorstellungen hat wie du – z. B. einer Kirche oder einer spirituellen Gemeinschaft oder einer New-Age-Gruppe. Sei freundlich, sei du selbst und öffne dich den anderen. Schließe erst einmal Freundschaften. Unterziehe nicht gleich jeden einer eingehenden Prüfung, ob er zu dir paßt. Es gibt ein Prinzip, das besonders für zwischenmenschliche Beziehungen zu gelten scheint: Was du *unbedingt* haben möchtest, das stößt du dadurch von dir fort; aber wenn du dich von deinem Verlangen *löst*, dann ist es plötzlich da.

Intime Beziehungen sind seltsame Wege zu innerem Wachstum. Es scheint immer eine Art Haßliebe mitzuschwingen. Ein Freund sagte vor kurzem zu mir: «Ich habe die Frauen satt. Sie wollen nur eines.» Ich spitzte interessiert die Ohren. «Sie wollen alle einen guten Mann, aber es gibt keinen, und ich habe es satt, als Sündenbock dafür herzuhalten.» Es ist tatsächlich merkwürdig. Und doch wachsen wir innerlich ungeheuer, wenn wir unser Leben mit einem anderen Menschen teilen. Oft scheint es nichts Schöneres auf der Welt zu geben als zwei Menschen, die einander bedingungslos lieben, respektieren und helfen und dem geliebten anderen die Freiheit lassen, sich in dem ihm angemessenen Tempo weiterzuentwickeln. Nur zwei Seelen, die sich im Einklang miteinander befinden, können zur gleichen Zeit den gleichen innerern Raum teilen. Wenn du eine solche Beziehung hast, ist das eine ganz besondere Erfahrung. Gibt es so etwas überhaupt? Ja, aber wir müssen uns erst einmal dahin entwickeln. Die meisten Menschen haben nie gelernt, uneingeschränkt zu leben und bedingungslos zu lieben. Die Gesellschaft kann uns nicht viel anderes beibringen als das, was sie kennt. Deshalb ahmt eine Generation die andere nach. Wir neigen dazu, das zu glauben und zu tun, was auch andere in unserer Umgebung glauben und tun.

Und wir halten zum Teil sehr lächerliche Vorstellungen aufrecht. Eine z. B. kommt in einem modernen Popsong vor. Immer wenn ich ihn im Radio höre, stelle ich es lauter, denn die Sängerin hat eine schöne Stimme und der Rhythmus ist gut. Als ich den Text zum erstenmal hörte, stöhnte ich: «O nein, nicht schon wieder!» Sie singt: «Ich werde dich immer lieben ... bis in alle Ewigkeit.» Diese Vorstellung ist einfach lächerlich, denn sie gesteht unseren Gefühlen keine Veränderung zu. Wie viele Menschen hast du emotional schon geliebt und tust es nicht mehr? Es ist in Ordnung, wenn Gefühle sich ändern. Außerdem findet der Liedtext es selbstverständlich, daß wir Kontrolle über die Zukunft ausüben können. Aber die Zukunft ist das allerletzte, was wir unter Kontrolle haben, denn die Zukunft ist noch nicht da.

Natürlich weiß ich, was dieser Text *eigentlich* zum Ausdruck bringen will. Er will sagen: «Im Augenblick liebe ich dich so sehr, du füllst mein Leben so völlig aus, daß ich dich immer lieben *würde,* wenn ich das zu entscheiden hätte.» Aber das ist ein bißchen umständlich, und es würde auch nicht gut zum Rhythmus passen. Vielleicht klingt es albern, aber wenn wir Redensarten wie «Ich werde dich immer lieben» oft genug hören, akzeptieren und glauben wir sie unbewußt und ziehen sie kaum jemals in Zweifel. Solche unrealistischen Vorstellungen versuchen wir dann auf unser eigenes

Leben anzuwenden, erleiden Schiffbruch – und wundern uns darüber.

Ich glaube, die meisten von uns sind in der Vorstellung aufgewachsen, man brauche nur den richtigen Mann oder die richtige Frau zu finden, sich häuslich niederzulassen und eine Familie zu gründen – das sei der Weg zum Glück. In gewisser Hinsicht stimmt das sicherlich, aber es ist selten so einfach. Wir bekommen kaum mehr Informationen über die Beziehung zwischen Mann und Frau mit auf den Weg als diese paar Worte und die Beispiele der Erwachsenen in unserer Umgebung.

Wenn man ein Mann ist, wurde einem sicherlich gesagt, man müsse eine gute Stellung finden, seine Familie versorgen und ein guter Christ (oder Jude, Hindu usw.) sein – dann wäre das Leben vollkommen. Als Frau besteht deine Aufgabe angeblich darin, eine gute Ehefrau und Mutter zu sein und deine Kinder in deinem Glauben aufzuziehen – wenn du das beherzigst, wäre dein Leben vollkommen. Als grundlegende Zielsetzungen sind diese Ideen durchaus in Ordnung, falls man so leben möchte. Aber sie reichen kaum aus, um dir zu zeigen, was es bedeutet, mit einem anderen Menschen zusammenzuleben. Wenn wir dann in die Welt hinausgehen, stellen wir erstaunt fest, daß das Leben ganz anders ist. Ist das wirklich ein Wunder? Sobald nicht alles genauso läuft, wie man uns gesagt hat, fühlen wir uns schuldig und haben das Gefühl, versagt zu haben. Doch inneres Wachstum hat nichts mit Versagen zu tun, und jede Erfahrung in unserem Leben ist eine Gelegenheit für uns zu wachsen. Hast du durch schwierige Beziehungen nicht viel über dich selbst erfahren? Und solltest du dir nicht die Möglichkeit geben, Erfahrungen zu sammeln und dich weiterzuentwickeln? Das kannst du aber nur, indem du im jeweiligen Augenblick die beste Entscheidung für dein Leben triffst. Wenn ich auf die Entscheidungen in meiner eigenen Vergangenheit zurückblicke, kann ich nur sagen: «Damals schien es mir eine gute Idee zu sein.»

Wir müssen lernen, uns von unserem Gefühl des Versagens zu lösen, um für neue Erfahrungen offen zu sein.

Menschen sind aus den verschiedensten Gründen zusammen, und es liegt mir fern, beurteilen zu wollen, welche Gründe «falsch» und welche «richtig» sind. Wichtig ist nur, daß *du* die Entscheidungen für *dein* Leben triffst. Du hast dich entschlossen, mit einem Menschen zusammenzusein oder nicht zusammenzusein, trotzdem kannst du selbst entscheiden, was du jetzt in diesem Augenblick mit deinem Leben anfängst. Eigentlich liegt das auf der Hand, und doch beklagen sich viele Menschen, sie hätten keine Wahl. Das stimmt nicht. Vielleicht ist die Entscheidung schwierig, aber es gibt immer eine Wahl.

Was macht uns in einer engen Beziehung glücklich? Oft möchten wir das tun, von dem wir annehmen, daß es unserem Partner Freude macht. Wir möchten seine Wünsche erfüllen und uns um seine Bedürfnisse kümmern. Oberflächlich betrachtet, hat es vielleicht auch den Anschein, als könnten wir das, aber ein solches Glück ist selten von Dauer. Es erfüllt nicht die tieferen, inneren Bedürfnisse des Partners. Wir können niemandem das geben, was er braucht, um wahrhaft glücklich zu sein, und auch uns kann niemand Glück schenken. Jeder Mensch findet sein Glück in seinem Inneren. Innerer Frieden und Erfüllung haben nichts damit zu tun, was ein anderer Mensch uns geben kann. *Glück ist ein persönliches Geschenk, das wir unserem Selbst geben.*

Wir sollten unser Bedürfnis, geben zu wollen, einmal kritisch untersuchen. Von klein auf bringt man uns bei, anderen etwas zu geben, das bedeutet, auch etwas zurückzubekommen. Diese Konditionierung hat sich tief in uns eingegraben – den meisten ist gar nicht mehr bewußt, daß dies das Motiv ist, das hinter ihrem Geben steht. Um dein eigenes Motiv zu erkennen, frage dich, was du dir als Gegenleistung für dein Geben am meisten wünschst. In einer Partnerbeziehung wünschen wir uns im allgemeinen nichts so sehr wie Aufmerksamkeit und Liebe. Und nur allzuoft haben wir das Gefühl, uns diese Aufmerksamkeit und Liebe verdienen zu müssen, indem wir unserem Partner das geben, was er unserer Ansicht nach von uns erwartet. Vielleicht haben wir eine zu geringe Meinung von uns. Wir kommen nur selten auf den Gedanken, daß uns jemand einfach um unserer selbst willen lieben könnte, ohne irgend etwas von uns zu fordern – obwohl das natürlich unserer Idealvorstellung entspräche.

Unser Ich mit seiner defensiven Haltung: «Ich tue dies oder jenes für dich, wenn du dafür auch etwas für mich tust», ist selbstsüchtig. Unsere frühen Beziehungen als kleine Kinder beruhen auf dieser Haltung, und solange wir nicht lernen, unser Ego zu durchschauen und unter Kontrolle zu bringen, werden wir immer diese Einstellung zum Geben haben. Das kommt unter Umständen in dem Versprechen zum Ausdruck, das wir unserem Partner geben: «Ich will dich glücklich machen. Ich will dir alles geben, was du brauchst und was du bisher nie hattest.» Aus unserer Konditionierung heraus glauben wir, damit könnten wir uns seine Liebe und Aufmerksamkeit erhalten und er werde uns dann nie mehr wegen eines anderen verlassen. Solche Bedingungen werden selten ausgesprochen, weil sie uns gar nicht zum Bewußtsein kommen. Wenn wir dem geliebten Menschen gegenüber ausdrücken könnten, was wir uns von unserer Beziehung zu ihm wünschen und erwarten, würden wir vielleicht feststellen, daß diese Bedingungen gar nicht notwendig sind. Denn dieser Mensch liebt uns vielleicht wirklich und will auch mit uns zusammensein, ohne daß wir versuchen müssen, *alles* für ihn zu sein. *Das größte Geschenk, das wir einer anderen Seele machen können, ist die Freiheit, Sie selbst zu sein.* Das ist oft die schwierigste Aufgabe in einer Beziehung. Partnerbeziehungen sind persönliche Strukturen, die wir uns schaffen. Sie sind die Umgrenzungen, die uns emotionale Sicherheit und das Gefühl geben, daß unser Leben einen Zweck hat. Wenn sich der Partner verändert, empfindet man das häufig als große Bedrohung. Das ist eine ganz natürliche Reaktion. Werde dir darüber klar, daß es dein Verstand ist, der diese Veränderung nicht akzeptieren will. Aus ihm entspringen diese Angst und Besorgnis, die du spürst. Man kann einen anderen Menschen nicht unter Kontrolle halten, selbst wenn es manchmal so aussieht. Letzten Endes wird er seine Freiheit entweder innerhalb oder außerhalb der Beziehung finden. Wenn du das Bedürfnis hast, einen Menschen zu beherrschen, solltest du dich fragen, warum. Was kannst du an innerem Frieden oder Glück gewinnen, indem du Kontrolle über jemand anderen ausübst?

Geben auf spiritueller Ebene – was man in einer Partnerbeziehung in jedem Augenblick tun kann – bedeutet, großzügig zu geben und keine Gegenleistung zu erwarten. So sehr du die Liebe und Zuwendung eines anderen vielleicht zu schätzen weißt – früher oder später wirst du merken, daß niemand dir das geben kann, was du eigentlich am meisten brauchst: inneren Frieden und Glück. Hast du das erkannt, wirst du von niemandem mehr etwas wünschen oder erwarten. Wenn sich jemand um dich bemüht und für dich da ist, darfst du für dieses Geschenk dankbar sein, das dein Leben so viel angenehmer macht. Aber du solltest dir von ihm kein Glück und keine Erfüllung versprechen. Indem du von der Person, die du liebst und mit der du dein Leben teilst, nichts forderst oder erwartest, läßt du ihr die Freiheit, dich ungehindert zu lieben und dir das gleiche zurückzugeben, was du ihr gewährt hast.

Vielleicht klingt das egoistisch – aber man kann unmöglich jemand anders lieben, solange man sich selbst nicht liebt. Und dich selbst kannst du nur lieben, wenn du *weißt,* wer du bist. Vielleicht sagst du jetzt: «Das stimmt nicht, denn ich weiß *nicht* alles über mich, und trotzdem *liebe* ich andere.» Emotionale Liebe hat viele verschiedene Formen, aber es gibt einen großen Unterschied zwischen emotionaler und spiritueller, vorbehaltloser Liebe. Emotionale Liebe ist eine gefühlsmäßige Bindung, die sich auf einen anderen Menschen konzentriert und von Natur aus an gewisse Bedingungen geknüpft ist, weil sie, um existieren zu können, ein Gegenüber braucht. In dieser Art Liebe sehen wir häufig eine Möglichkeit, unser Leben mit Sinn zu erfüllen. Und wir schenken diese Liebe in der Erwartung, daß der andere uns wiederliebt und uns unser Gefühl der Unsicherheit nimmt. Das heißt, wir suchen außerhalb unserer selbst nach dem Sinn und Zweck unserer Existenz und glauben, daß wir dort ein Gefühl der Sicherheit finden werden. Doch die einzige dauerhafte Sicherheit findet man nur in sich selbst.

Soll eine Beziehung funktionieren, müssen beide Partner ziemlich viel Freiheit und persönlichen Spielraum haben. Eine distanzierte, nicht besitzergreifende Haltung zueinander erleichtert das enge Zusammenleben mit seinen vielen Verflechtungen. «Distanziert» bedeutet nicht, daß der Partner uns nicht wichtig ist oder daß wir keine Gefühle für ihn haben, sondern wir wissen, daß unser Glück und unser Selbstgefühl nicht völlig von ihm abhängen. Wir haben Vertrauen in uns selbst als Seele und wissen, daß jede Seele diese Freiheit braucht, um glücklich zu sein.

In *You'll See It When You Believe It* schreibt Wayne Dyer: «Die Fähigkeit, zu allen Dingen und allen Menschen Distanz zu haben und sich trotzdem als Teil der ganzen Menschheit zu fühlen, ist einer der größten Widersprüche, denen wir auf unserer spirituellen Reise begegnen. An diesem Punkt in meinem eigenen Leben weiß ich, daß ich mit allen anderen Menschen in Einheit verbunden bin. Zugleich weiß ich, daß ich in diesem Ganzen, das wir als Menschheit bezeichnen, keine Bindung mehr an jemand anderen zu haben brauche (das heißt, mich an niemand anders mehr klammern muß, um mich vollständig zu fühlen); und ich brauche auch nichts mehr um mich herum anzuhäufen, um ganz zu sein. Ich freue mich über das, was ich habe, und weiß es zu schätzen.

Meine Distanz – das Wissen, daß ich nichts und niemanden brauche, um mich ganz und vollständig zu fühlen – gibt mir die Möglichkeit, einfach zu sein und mit dem Leben zu fließen, statt gegen das Leben anzukämpfen oder irgend etwas von irgend jemandem zu fordern. Losgelöstheit bedeutet, daß ich nicht mehr das Bedürfnis habe, mich an irgend jemandem oder irgend etwas festzuhalten. Das heißt nicht, daß man nichts besitzen soll. Es ist vielmehr eine Denk- und Seinsweise, die uns die Freiheit gibt, mit dem Leben mitzufließen wie alles, was GOTT uns gegeben hat.»

Wir hören oft, wie nötig es angeblich sei, Liebe zu schenken. Auch im Zusammenhang mit Heilung und Harmoniestreben wird häufig von Liebe gesprochen. Und man hört auch viel von der Liebe zu GOTT. Das alles ist etwas verwirrend, und es gibt so viele verschiedene Auffassungen von Liebe. Einer meiner Lehrer sagte zu mir: «Liebe, wen du lieben mußt, und schenke allen anderen dein Wohlwollen.» Es ist unrealistisch, zu glauben, daß wir völlig frei von emotionaler Liebe sein könnten, selbst wenn wir spirituell gute Fortschritte machen. Mein Lehrer wollte mir vermitteln, daß man seine emotionalen Bindungen klug auswählen und möglichst wenige eingehen sollte. Die Liebe, die man allen Menschen entgegenbringt, ist bedingungslose Liebe oder Wohlwollen.

Manchmal bestehen Leute darauf, daß alle anderen genauso empfinden sollen wie sie selbst. Das ist ihre Vorstellung von bedingungsloser Liebe. Sie sind glücklich – also sollen auch die anderen glücklich sein. Besonders dumm finde ich es, wenn man jemanden, der ein trauriges oder auch nur unbeteiligtes Gesicht macht, auffordert, er solle doch lächeln. Warum tun wir so etwas? Hängt unser Glück vom Lächeln der anderen Menschen ab? Ja, oft ist es tatsächlich so. Wenn wir jemanden lachen oder lächeln sehen, fühlen wir uns gleich viel wohler. Wir lassen uns zu leicht von dem beeinflussen, was wir sehen. Das zeigt, daß wir sehr wenig Kontrolle über unsere Gefühle haben. Ich gerate ständig in solche Situationen, denn mein normaler Gesichtsausdruck ist eher ernst. Innerlich bin ich mein Leben lang immer ein froher Mensch gewesen, aber meinem Gesicht sieht man das anscheinend nicht an, und das irritiert manche Leute. Vor kurzem kam ein älterer Herr auf mich zu und erklärte mir, das Leben sei doch gar nicht so übel; ich solle lächeln. «Hat Sie jemand nach Ihrer Meinung gefragt?» antwortete ich. In den letzten vierundzwanzig Stunden haben mich drei Leute aufgefordert zu lächeln. Ich kann dann immer nur den Kopf schütteln und vor mich hinmurmeln: «Ihr habt noch nicht einmal euer eigenes Leben unter Kontrolle, und von mir erwartet ihr, daß ich euch zuliebe einen glücklichen Eindruck mache.» Wenn es so weit kommt, daß unser eigenes Wohlbehagen und Glück vom Gesichtsausdruck anderer Leute abhängig ist, dann haben wir den Kontakt zu unserer persönlichen Kraft völlig verloren. Wir sind kaum mehr als Schimpansen, die vor dem Spiegel ihre eigenen Grimassen nachahmen, wenn wir so emotional auf das reagieren, was wir außerhalb von uns wahrnehmen.

Bei Spannungen oder Auseinandersetzungen in ihrer Beziehung meinen manche, sie müßten ihren Partner mit Liebe oder Licht umgeben, um die Harmonie zu fördern. Manche Richtungen vertreten tatsächlich diesen Standpunkt. Doch vorbehaltlos zu geben bedeutet, dem anderen seine Freiheit zu lassen. Statt ihn mit Liebe zu umgeben – was in Wirklichkeit nichts anderes ist als ein Versuch, ihn unter Kontrolle zu bringen –, braucht man ihm nur die Möglichkeit zu lassen, der Mensch zu sein, der er jetzt in diesem Augenblick ist. Wir haben nicht das Recht, unsere Wünsche auf einen anderen Menschen zu projizieren. Wenn wir uns nach Liebe und Licht sehnen, müssen wir es in uns selber finden.

Bedingungslose Liebe ist ein spirituelles Prinzip. Das menschliche Wahrnehmungsvermögen wird GOTT als Macht *und* Liebe erkennen. Die Macht GOTTES wird als Anfang und Ende aller Dinge erfahren. Die Liebe GOTTES wird unmittelbar als vollkommene und bedingungslose Annahme der Seele *(du selbst)* als Teil des Göttlichen erlebt. GOTT nimmt dich vorbehaltlos an, weil du ein Teil von Ihm bist. Es gibt kein größeres Gefühl der Anerkennung oder Geborgenheit.

Die wahre Macht und Liebe GOTTES reicht weit über unsere Wahrnehmungen und Empfindungen hinaus. Diese Beschreibung kommt ihr so nahe, wie unsere Gedanken sie eben erfassen können. Wir können zu Kanälen für die Liebe GOTTES werden, indem wir jeder Seele vollkommene, bedingungslose Liebe (Wohlwollen) entgegenbringen. Wir können zu der Erkenntnis gelangen, daß jede Seele das Recht hat, Sich die Erfahrungen, die Sie machen will, selbst auszusuchen, und daß Sie nicht unser Dasein braucht, um glücklich zu sein.

Wir können vieles mit anderen Menschen teilen, und unsere Seele kann selbst in Beziehungen, die nicht auf bedingungsloser Liebe beruhen, wachsen. Doch wenn wir bedingungslos lieben, wächst Sie in völliger Freiheit.

Das gilt auch für unsere Kinder. Ein Kind ist eine Seele in einem jungen physischen Körper. Seine emotionalen und geistigen Strukturen sind noch nicht so geprägt, daß es intelligente Entscheidungen treffen kann. Also muß man es anleiten und ihm helfen, Entscheidungen zu treffen und sich innerlich weiterzuentwickeln. Kinder sind keine Gelegenheit für uns, uns zu verewigen und durch sie weiterzuleben. Unsere Unsterblichkeit liegt in unserem eigenen Sein als Seele. Auch unsere Kinder werden eines Tages ihre Unsterblichkeit als Seele erkennen. Wir brauchen ihnen nicht das zu verschaffen, was uns selbst vorenthalten geblieben ist. Wir sollten ihnen lieber Führung geben und Selbstachtung und bedingungslose Liebe vorleben.

Der Weg

13
Ziele auf dem spirituellen Weg

Du besitzt ein intuitives Gespür dafür, was du vom Leben erwartest. Ganz gleichgültig, ob diese innere Stimme zaghaft klingt oder sich laut und deutlich bemerkbar macht – sie ist der Klang deines Selbst, das die Hand nach den Geheimnissen GOTTES ausstreckt. Vielleicht weißt du genau, was du willst. Aber vielleicht ist dieses Gefühl auch noch zu verschwommen, und du hast keine genaue Vorstellung davon, was dein spiritueller Weg dir bringen kann. Wenn du darüber nachdenkst, was du auf deiner spirituellen Suche erreichen möchtest – hast du dann Angst, dir deine Wünsche einzugestehen, weil du glaubst, daß sie ohnehin unerfüllbar sind? Das stimmt nicht – sie *sind* erfüllbar!

Ganz gleich, an welchem Punkt deines Weges du dich befindest – sei dir stets bewußt, daß du es verdienst, zu einer höheren Erkenntnis zu gelangen. Du bist Seele. Du bist ein Teil der Energie GOTTES SELBST. Egal, was andere dir vielleicht eingeredet haben oder wovor du Angst hast: wisse jetzt, in diesem Augenblick, daß du die Freiheit hast, tiefer in die Erkenntnis deines eigentlichen Seins hineinzuwachsen, in das Wissen um deine wahre Existenz. *Du bist Seele*.

In dieser von Strukturen geprägten Welt wird es hilfreich

sein, wenn man sich mentale Vorstellungen von seinen Zielen macht. Diese Ziele sind oft die Motivation, die dich auf deinem persönlichen Entdeckungsweg weiter vorantreibt. Aber darüber sollte man nicht vergessen, daß spirituelle Ziele nur geistige Werkzeuge sind, die dem Verstand helfen, das Seelenbewußtsein zu akzeptieren und im Einklang mit ihm zu arbeiten. Die Ziele selbst können nur deinem Verstand helfen. Tiefe spirituelle Erkenntnis geht weit über den Verstand und seine mentalen Ziele hinaus. Zielsetzungen sind ein wertvolles Hilfsmittel, um das Verstandesbewußtsein zu erweitern, das den Ausgangspunkt zur wahren Seelenerkenntnis darstellt.

Vor ein paar Jahren, als ich Bergsteigen lernte, entdeckte ich ein paar Geheimnisse der Zielsetzung. Oft hing ich in der Wand, umklammerte erschöpft einen Felsen und hatte keine Ahnung, in welche Richtung ich mich als nächstes bewegen sollte. In solchen Augenblicken fragte ich mich, warum ich bloß je den Wunsch gehabt hatte, in den Felsen herumzuklettern. Wenn ich den Gipfel des Berges vom Basislager aus gesehen hätte, wäre ich nie hinaufgestiegen. Die Herausforderung wäre mir zu überwältigend erschienen. Aber da ich den Gipfel nicht sah, glaubte ich, ihn vielleicht erreichen zu können. Das gab mir den Mut, etwas zu versuchen, was viele Menschen für verrückt hielten. Aber ich wußte, daß ich es tun mußte, um mehr über mich selbst zu erfahren.

Nachdem Leigh Culver, mein Bergführer und Lehrer, mir in einem überwältigenden Schnellkurs eingepaukt hatte, was ich beim Klettern zu tun und zu lassen hatte, seilte ich mich nervös an und begann mit dem Aufstieg. Ich kam gut vorwärts und war schon bald ganz begeistert von meinem Klettertalent. Der Berg war nicht allzu steil, manchmal brauchte ich die Kletterschuhe und das Seil eigentlich gar nicht. Vor lauter Freude über mein neues Erlebnis vergaß ich die Zeit. Der Anfang war eine Herausforderung gewesen; aber jetzt war es nicht mehr schwer. Ich hatte Selbstvertrauen entwickelt.

Als ich ungefähr die Hälfte des Weges hinter mir hatte, spürte ich, daß der Felsen fast senkrecht anstieg. Allmählich merkte ich meinen Muskeln und Fingerspitzen an, daß ich schon zwei Stunden geklettert war. Mit der Spitze meiner Schuhe hatte ich mich fest in einer nur einen halben Zentimeter tiefen Spalte an einer scheinbar völlig glatten Granitwand verkeilt. Eine Hand hatte eine Vertiefung im Felsen gefunden und hielt sich daran fest. Mit der anderen Hand suchte ich den Felsen über mir vorsichtig nach einem weiteren Halt ab. Da ich keinen ertasten konnte, stemmte ich mich so weit von der Felswand ab, wie ich es wagte, um nach einer Felsspalte oder einem Vorsprung Ausschau zu halten, wo ich vielleicht hinreichen konnte. Aber ich fand nichts. Leigh war nicht zu sehen und schon weit über mir. Schlagartig brach mir der Schweiß aus. Er lief mir in die Augen und brannte.

Ja, mein Ziel war der Gipfel. Doch jetzt beschlich mich der Gedanke, daß ich diesen Gipfel erst in einem anderen Leben erreichen würde. Im Augenblick jedenfalls saß ich hier fest, und ich wußte, daß ich nicht ewig da bleiben konnte. Und ich konnte auch nicht wieder hinunterklettern. Da tat ich, was man, wie ich genau wußte, niemals tun darf – ich schaute hinter mich auf die tiefhängenden Wolken, und dann warf ich einen Blick auf das Lager am Fuß des Berges, das vierhundertfünfzig Meter unter mir lag. Dieses panikartige Gefühl umschreiben Bergsteiger mit dem Wort *preisgegeben,* aber ein echter Bergsteiger würde natürlich kaum jemals zugeben, daß es ihn mit Entsetzen erfüllt. Man fühlt sich eben *preisgegeben,* weiter nichts. Aber nenne es, wie du willst – die Angst beginnt doch auf dein Bewußtsein einzustürmen.

Ich mußte etwas tun, also untersuchte ich den Felsen noch einmal genau. Es gab nur zwei Möglichkeiten: Ich konnte in Panik geraten – im Augenblick war ich nahe daran – oder einen *Weg* finden. Fast zwei Meter links von mir sah ich einen wunderbaren Halt, doch selbst wenn ich mich streckte, so weit ich konnte, und dann noch einen halben Meter sprang, würde ich ihn nicht erreichen. Ich würde ihn verfehlen, zwölf Meter tief fallen und dann für immer in die Tiefe stürzen, bis mein Herz zu schlagen aufhörte und mein Schicksal mich ereilte. Mir fiel ein Zitat aus einem Buch ein: *«Nur die Tapferen kennen Gott.» – «Und klettern auf Berge»,* setzte ich in Gedanken hinzu. *«Was suche ich bloß hier?»*

Moment mal. Da drüben war doch etwas... Warum habe ich das denn nicht vorher gesehen? fragte ich mich. Es war eine Felsritze, vielleicht gerade so tief, daß meine Finger darin Halt finden konnten. Sie war einen Meter seitlich über mir. Ich mußte mich danach ausstrecken und dabei mit einem Fuß an der glatten Felswand abstützen. Das war die Wahl, die ich hatte. Wie in vielen entscheidenden Augenblicken im Leben gibt es hundert verschiedene Möglichkeiten, aber nur eine, die man wirklich treffen kann. Ich entschied mich.

Ich *mußte* es schaffen. Also mußte ich mich sofort daran wagen. Die Zeit hörte auf zu existieren. Ich wurde wieder aktiv. Und ich schaffte es, obwohl ich nicht wußte, wie. Eine Sekunde lang umarmte ich den Felsen und beglückwünschte mich zu meiner Rettung. Mir war klar, daß ich meine normalen Fähigkeiten weit überstiegen und etwas geschafft hatte, von dem ich nie geahnt hatte, daß ich es konnte. Diese Erfahrung würde ich nie wieder vergessen, das wußte ich. Sie würde mich immer begleiten. Rasch begann ich nach dem nächsten Halt zu suchen, der mich wiederum zum nächsten bringen würde und letzten Endes ans Ziel. Meine Kraft kam von innen heraus. Mir war nicht mehr schwindelig vom Klettern, sondern ich war mir jetzt ganz intensiv der sehr realen Gefahr *und* auch der Belohnung bewußt, die auf mich wartete. Erst viel später, als ich den Gipfel erreichte, *begriff* ich tatsächlich, worin diese Belohnung bestand. Sie lag nicht im Klettern und auch nicht im Erreichen des Ziels. Die Belohnung war die Erkenntnis, daß ich meinen Ängsten ins Auge gesehen und sie besiegt hatte. Ich war über meine Grenzen hinausgewachsen und hatte eine neue Seite an mir entdeckt.

Ein neues Selbstvertrauen, das man auf diese Weise gewonnen hat, kann einem in fast allen Lebensbereichen weiterhelfen.

Von unten sieht ein Berg nicht so furchterregend aus. Von unten kann man gar nicht richtig bis zum Gipfel hinaufsehen. Aber trotzdem stellt man sich vor, wie es wohl wäre, ihn zu besteigen. Das ist eine interessante geistige Projektion, die wir in vielen Bereichen unseres Lebens machen. Wir haben eine bestimmte Vorstellung davon, wie es sein wird, das Ziel zu erreichen, selbst wenn wir diese Erfahrung noch gar nicht gemacht haben. Wir ziehen Vorstellungen aus fast allen erreichbaren Informationsquellen heran, um uns ein Bild vom Erfolg zu machen, und dann beharren wir eigensinnig darauf, das Ziel genau auf dem Weg zu erreichen, den wir uns vorstellen. Wenn unsere Erfahrung dann aber ganz anders ist, als wir sie uns ausgemalt hatten, wundern wir uns. Wie kann man über etwas Bescheid wissen, was man noch gar nicht erlebt hat? Unser gesunder Menschenverstand sagt uns, daß das nicht möglich ist, und doch tun wir es alle.

Verfahren wir nicht genauso, wenn wir uns Ziele für unseren spirituellen Weg setzen? Oft glauben wir, wenn wir gewisse Fähigkeiten erwerben oder außergewöhnliche Erfahrungen machen, dann hätten wir eine hohe Ebene spiritueller Erkenntnis erreicht. Aber wenn man diese Fähigkeiten noch gar nicht erlangt und diese erstaunlichen Erfahrungen noch nicht gemacht hat, wie kommt man dann darauf, daß sie ein Beweis für spirituelle Erkenntnis sind?

Vielleicht hast du ziemlich einengende Erfolgsvorstellungen, und wenn du dich nicht von diesen Vorstellungen lösen willst, versäumst du womöglich die spirituelle Erfahrung, die direkt vor dir liegt. Irgendwo habe ich einmal den Spruch gehört: «Die Wahrheit liegt immer einen halben Meter über dem Punkt, an dem du dich in deiner Selbstbezogenheit gerade befindest.»

Das Geheimnis erfolgreicher Zielsetzung liegt in dem Wissen, daß es dir nicht viel nützt, dich für ein Ziel zu entscheiden, von dem du so gut wie gar nichts weißt und das du nicht in kleinen Etappen erreichen kannst. Es wäre sehr schwierig, ohne kundige Anleitung von jemandem, der bereits dort oben war, einen Berg zu besteigen. Und man erreicht den Gipfel auch nicht mit einem einzigen Satz, man wird nur kleine Fortschritte machen. Es ist wichtig, sich Ziele zu setzen, die realistisch sind und die einem helfen können, innerlich zu wachsen.

14
Fortschritte auf dem Weg

Man kann auf seinem persönlichen Weg die verschiedensten Ziele verfolgen. Vielleicht möchtest du die Aura sehen können, Gedanken lesen oder direkt mit inneren Ebenen und spirituellen Meistern zusammenarbeiten. Oder du sehnst dich nach einem Erlebnis, von dem du gehört oder gelesen hast, weil du glaubst, das wäre ein Zeichen von Fortschritt. Du kannst auch danach trachten, dein inneres Bewußtsein gezielt zu verlagern oder ein aktives Traumbewußtsein zu entwikkeln. Wenn du einer Organisation angehörst, wartest du vielleicht darauf, einen ganz bestimmten Rang oder eine bestimmte Initiationsstufe zu erreichen, weil du glaubst, daß dich das zu höherer Erkenntnis hinführen wird. Deine Vorstellungen, wie du diese Ziele erreichen kannst und wie rasch du sie verwirklichen solltest, können die Richtung deines inneren Wachstums beeinflussen und es sogar einschränken. Es ist, als warteten wir auf ein «großes Ereignis», das uns beweist, daß wir auch wirklich Fortschritte auf dem Pfad gemacht haben. Oft erwarten wir ein Zeichen von außen. Wir möchten, daß unser «Beweis» eine physische oder materielle Form annimmt. Daher kommt die Redewendung: «Gib mir ein Zeichen.»

Doch jede Erkenntnis kommt aus dem Inneren und umfaßt das gesamte Bewußtsein, das des Wachzustandes und das des kontemplativen Zustandes. Oft erzählen Menschen mir von einem Traum, der ihnen die Antwort gab, nach der sie gesucht hatten – und doch wissen sie immer noch nicht so recht, ob sie sich auf diese Antwort auch verlassen können. Welcher Antwort können wir überhaupt trauen, wenn nicht der, die aus unserer eigenen Erkenntnis erwächst? Häufig weigern wir uns, etwas wahrzuhaben, was wir im Grunde bereits wissen, und suchen weiterhin nach einer Bestätigung außerhalb von uns.

Die tiefen Erfahrungen, von denen man immer wieder hört und liest, *gibt* es tatsächlich. Aber sie begegnen nicht jeden Tag jedem Menschen, der sich nach ihnen sehnt. Es hängt davon ab, wie weit man sich der inneren Welten bewußt ist und ob man eine solche Erfahrung überhaupt braucht. *Dein intensiver Wunsch nach einer tiefen Erfahrung beweist, daß du äußerlich nach den Antworten suchst, die du nur in deinem Inneren finden kannst.*

Eine mir nahestehende Frau hatte vor kurzem ein sehr eindrucksvolles Erlebnis. Sie hatte vorher schon jahrelang nach einer Bestätigung für die Realität ihrer spirituellen Erfahrungen gesucht. Sie erzählte mir, sie habe sich nach einem Beweis dafür gesehnt, daß sie im Traumzustand mit einem spirituellen Meister zusammenarbeitete. Denn sie erwachte zwar oft mit dem Gefühl, mit einem Lehrer zusammengewesen zu sein, konnte sich an das genaue Erlebnis aber nicht mehr erinnern. Nun wollte sie es endlich ohne jeden Zweifel *wissen*. Sie wollte mit diesem Meister Kontakt aufnehmen, wie sie es nannte. Ich riet ihr, in ihrem täglichen Leben nach Beweisen dafür zu suchen, daß ihr auf den inneren Ebenen jemand half. War sie heute nicht ruhiger und selbstsicherer als noch vor einem Jahr? Erkannte sie nicht klarer, wie sie die spirituellen Prinzipien auf ihr Leben anwenden konnte? Hatte sie bei der Suche nach Unterstützung durch den GEIST nicht große

Fortschritte gemacht? «Ja», sagte sie, und doch sehnte sie sich weiterhin nach der direkten, bewußten, auf *Wissen* beruhenden Erfahrung, daß sie mit einem Lehrer zusammenarbeitete. Es ist nur natürlich, daß sie sich das wünschte, so wie wir alle es uns irgendwann einmal gewünscht haben. Es ist nichts Falsches daran, wenn man auf einem Beweis für seine Erfahrungen besteht. Du mußt dir alle Stationen deiner inneren Reise selbst beweisen. Doch dieser Prozeß darf nicht aus dem Gleichgewicht geraten. Wenn du nur außen nach dem Beweis suchst, wirst du ihn nicht finden. Denn dann glaubst du, daß du die Phänomene – also zum Beispiel die Erfahrung – außerhalb deines Selbst anziehst, während die Anziehungskraft in Wirklichkeit von deinem Inneren, deinem Geist und deinen Emotionen, ausgeht. Wenn man den Mittelweg des Lebens geht – jeden Augenblick voll und ganz *lebt* und *erkennt,* was das Leben zu bieten hat –, dann werden die spirituellen Wahrheiten sich einem von selbst beweisen, allerdings oft auf andere Art, als man erwartet hat.

Ich versicherte der Frau, wenn sie den GEIST bäte, ihr das zu bringen, was für ihre spirituelle Entwicklung am besten und auch für die gesamte Schöpfung gut sei, dann werde sie Fortschritte machen. Ich schlug ihr verschiedene Kontemplationstechniken vor, bei denen mit Klang und Licht gearbeitet wird. Außerdem zeigte ich ihr Traumbewußtseinsübungen, mit denen sie ihrem Verstand helfen konnte, zu akzeptieren, was sich auf den höheren Ebenen der Seele abspielt. Ich erklärte ihr, daß es oft lange dauert und viel Geduld und Mühe erfordert. Aber zu welcher lohnenden Erfahrung im Leben braucht man nicht viel Zeit, Geduld und Mühe?

Fast zwei Jahre vergingen, und schließlich erinnerte sie sich an einzelne Fetzen ihrer Traumaktivität. «Habe ich das wirklich erlebt?» fragte sie. Nach und nach erinnerte sie sich an immer mehr Träume, die indirekt mit ihrem Meister zu tun hatten. Wieder trat sie an mich heran und fragte mich: «Ist das wirklich passiert?»

Sie erforschte das Leben weiterhin aus vielen verschiedenen Blickwinkeln und widmete sich regelmäßig ihren spirituellen Übungen. Sie lernte, sich in Zeiten innerer Not darauf zu verlassen, daß der GEIST ihr helfen und sie trösten werde. Sie wandte noch mehr spirituelle Prinzipien auf die Erfahrungen ihres Lebens an, und dabei machte sie langsam, aber tief innerlich Fortschritte.

Eines Nachts begegnete sie mitten in einem Traumerlebnis Peddar Zaskq, einem meiner Lehrer, der auf den inneren Ebenen einen Vortrag hielt. Ich war bei ihr. Sie wandte sich zu mir und fragte mich, warum wir eigentlich hier seien. «Hör mal», sagte ich zu ihr, «weißt du überhaupt, was für eine Ehre es ist, hier sein zu dürfen?» Ich versuchte, ihre Aufmerksamkeit auf den Augenblick zurückzulenken, den wir gerade erlebten. Oft zweifelt der Verstand törichterweise an unseren Erfahrungen. Er weiß nicht, daß die Antworten von selbst sichtbar werden, wenn wir zuhören und das Erlebnis in uns aufnehmen. Am nächsten Tag erinnerte sie sich zwar noch an das Traumerlebnis, brauchte aber immer noch meine Bestätigung, daß es sich tatsächlich ereignet hatte. Was unser Verstand nicht als Teil von sich erkennt, das will er nicht akzeptieren. *Ja, sie hatte das alles wirklich erlebt.*

Vor kurzem, als sie im Halbschlaf war, nahm neben ihrem Bett direkt vor ihren physischen Augen ein spiritueller Meister Gestalt an. Er verdichtete sich aus einem Atomnebel. Sie schlug die Augen weit auf und schloß sie wieder. Als sie sie erneut öffnete, stand Er immer noch da. Das jagte ihr einen Todesschrecken ein – oder richtiger gesagt: Es bedrohte den rationalen Verstand, der dann eine emotionale Angstreaktion in ihr auslöste. Danach verschwand der Meister wieder in dem Nebel. Aber sie hatte Ihn erkannt! Es bestand kein Zweifel mehr an der Realität ihrer Erfahrung! Endlich! Weil sie ihr Leben voll und ganz gelebt und alles gesehen hatte, was es in besonderen Augenblicken zu entdecken gibt, und weil sie durch spirituelle Übungen die Schwingungsfrequenz ihres

Geistes und ihrer Emotionen erhöht hatte, war ihr Geist zu einem harmonischeren Einklang mit der Seele gelangt und hatte ihre Erfahrung als etwas *Reales* akzeptieren können. Anfangs fühlte ihr Verstand sich bedroht, doch schließlich akzeptierte er das Erlebnis als Teil seines Bewußtseins.

Ich habe das bei meinen anfänglichen Bemühungen, zu beweisen, daß der Meister und die Lehren real sind, oft erlebt. Letzten Endes wurde mir alles bewiesen, aber oft eher auf subtile als auf spektakuläre, eindrucksvolle Art und Weise. Und es geschah erst, nachdem ich den GEIST gebeten hatte, mir zu geben, was ich zu meinem spirituellen Wachstum brauchte – und, nicht zu vergessen, nachdem ich viel eigene Anstrengungen unternommen hatte, die Wahrheit zu finden. Oft war ich aber auch ungeduldig und erwartete viel zu vieles von außen.

Die meisten spirituellen Erlebnisse sind sehr subtil. Achte darauf, dir das zu wünschen, was für dein spirituelles Wachstum am besten ist, und nicht einfach nur Phänomene wie die Erscheinung von Meistern aus Atomnebeln. Das tun Sie übrigens selten, weil es viel einfacher ist, zu deinem wahren Du, der Seele, zu sprechen, und zwar auf jenem göttlichen Kommunikationsweg der Energieimpulse von Seele zu Seele. Die meisten Menschen könnten es auch gar nicht verkraften, wenn plötzlich ein Meister vor ihnen auftauchte. Ihr Verstand ist einfach nicht bereit, zu akzeptieren, daß so etwas wirklich passieren kann. Er würde ihnen Zweifel an dem Erlebnis einflößen. Das glaubst du mir nicht? Meinst du etwa, *du* könntest mit einem solchen Erlebnis fertig werden? Stelle dir vor, daß du mich direkt vor dir stehen siehst, wenn du *jetzt in diesem Augenblick* über den Rand deines Buches schaust. Stelle dir vor, daß ich lächle und dann wieder verschwinde. Was würdest du als erstes denken? Hättest du das Bedürfnis, mir zu schreiben, damit ich die Realität deines Erlebnisses bestätige? Würdest du es so bald wie möglich jemand anders erzählen wollen, um dem Erlebnis vor deinem

Verstand Gültigkeit zu verleihen? Oder würdest du einfach nur still dasitzen und über die Botschaft nachdenken, die der Meister dir vermittelt hat – von Seele zu Seele? Was nützt einem ein Erlebnis, wenn man nicht *weiß*, ob es auch wirklich stattgefunden hat und was es bedeutet?

Oft wissen wir die Fortschritte, die wir auf unserem persönlichen Weg gemacht haben, gar nicht richtig zu würdigen. Es ist viel einfacher, neidisch auf die Fortschritte eines anderen zu blicken und uns zu wünschen, *wir* hätten seine Erfahrungen gemacht. Aber wir denken nur selten daran, daß diese Person *wieder* jemand anders um dessen Erlebnisse beneidet! Was können wir daraus lernen?

Alles, was du durchgemacht hast, hat dich an den Punkt gebracht, an dem du jetzt im Augenblick stehst. Einen besseren Ort gibt es nicht! Nimm dir ein paar Minuten Zeit, und denke darüber nach, wie weit du in den letzten fünf Jahren gekommen bist. Und was war mit den letzten zwei Jahren? Nun überlege, an welchem Punkt deines Weges du letztes Jahr um diese Zeit standest. Hast du dich seitdem nicht enorm weiterentwickelt?

Vielleicht glaubst du, die große Antwort – jene, die dein Leben für immer verändern wird – liege im nächsten Buch, das du liest, dem nächsten Vortrag, den du dir anhörst, oder dem nächsten Gebiet, mit dem du dich beschäftigst. Von klein auf bringt man uns bei, das, was außerhalb von uns liegt, sei die Realität. Das ist falsch. Aber dieses Konzept kann in eine umfassendere Erkenntnis einmünden, wenn dir klarwird, daß das, was außen ist, nur einen *Teil* der Realität bildet. Der Rest – der größte Teil – liegt in deiner inneren Sicht aller Welten der Schöpfung, der inneren Welten GOTTES. *Alle Welten GOTTES existieren gleichzeitig in diesem Augenblick. Du mußt dir dessen nur bewußt werden.*

Jeder Augenblick ist ein spirituelles Erlebnis. Wie könnte es anders sein? Wir schätzen unsere eigenen Erlebnisse selten als tiefe spirituelle Erfahrungen ein. Warum erscheinen die gleichen Erlebnisse uns oft viel bedeutsamer, wenn sie jemand anderem widerfahren? Ich habe zu meinem Erstaunen festgestellt, daß die subtilsten Erfahrungen meines Lebens häufig die größte spirituelle Bedeutung hatten. Die stillen Erkenntnisse sind die tiefsten auf unserem Weg zum Verständnis der Welten GOTTES. Das sind die Augenblicke, auf die wir oft gar nicht achten, weil wir das Gefühl haben, sie seien nicht wichtig genug und verdienten unsere Aufmerksamkeit nicht.

Lange Zeit hatte ich das Gefühl, daß noch ein weiter Weg vor mir liege. Und als ich dann versuchte abzuschätzen, wie weit ich wohl war, verwirrte mich das nur noch mehr. Je mehr ich wußte, um so weniger wußte ich. Ich wollte doch nur mein wahres Selbst kennenlernen, und ich wollte GOTT *kennen.* Wie weit war ich noch von dieser Erkenntnis entfernt? Ich fragte mich, ob mein Wunsch sich wohl noch in diesem Leben erfüllen ließ oder ob ich den Kreislauf von Leben und Tod noch öfter durchlaufen mußte. *Eine der größten spirituellen Wahrheiten lautet, daß alle Erkenntnisse der Seele in diesem Augenblick in dir liegen.* Du mußt keine riesigen Entfernungen zurücklegen, um GOTT zu *kennen.* Du brauchst diese Erkenntnis nur in dir selbst zum Vorschein zu bringen. Du meinst, das ist leichter gesagt als getan? Vielleicht sieht es so aus. Doch *wenn der Geist und die Emotionen zur Harmonie mit der Seele finden, wird dir bewußt werden, daß es keinen Augenblick gibt außer diesem und daß du alle Welten GOTTES in diesem Augenblick erkennen kannst. Deine Selbst- und GOTTESerkenntnis wird sich mit der Erfahrung immer mehr vertiefen, so wie die GOTTwelten sich ewig weiter ausdehnen.* Nachdem mein Verstand das erfaßt hatte, fand ich Trost in diesem Wissen, daß ich in meinem Inneren bereits alles besaß, was ich brauchte, um GOTT zu *kennen.* Ich brauchte mir keine Sorgen darüber zu machen, daß mir in dem Puzzlespiel der großen Zusammenhänge vielleicht ein wichtiges Teilchen fehlte – ich trug alle Teile in mir. Du brauchst nur auf deine wahre innere Stimme zu hören, um das selbst zu erfahren und es dir zu beweisen.

Lese-Empfehlungen

Beattie, Melody: *Codependent no more.* New York: Harper/ Hazelton 1987.
Carrithers, Michael: *The Buddha.* London: Oxford University Press 1983.
Clarke, Jack: *Life After Grief.* A Soul Journey After Suicide. Marietta: Personal Pathways Press 1989.
Davis, Roy Eugene: *God has given us every good thing.* Lakemont: CSA Press 1986.
Dyer, Dr. Wayne: *Führen Sie in Ihrem Leben selbst Regie.* Landsberg: MVG, 1986
–, *Sie sollten nach den Sternen greifen.* Landsberg: MVG 1987.
Hesse, Hermann: *Siddharta, eine indische Dichtung.* Frankfurt/ Main: Suhrkamp 1977.
James, Eliott: *Erleuchtung und Meisterschaft.* Interlaken: Ansata-Verlag 1991.
Siegel, Dr. Bernie: *Liebe, Medizin und Wunder.* Düsseldorf: Econ 1988.
Spalding, Baird: *Leben und Lehren der Meister im fernen Osten,* Ergolding: Drei Eichen-Verlag 1984.
Tomioka, Ariel: *Vom Atem der Liebe getragen.* Interlaken: Ansata-Verlag 1991.

Twitchell, Paul: *Spirituelle Aufzeichnungen,* o.J.
–, *Eckankar. Der Schlüssel zu geheimen Welten,* o.J.
–, *Die Flöte Gottes,* o.J.
–, *Der Zahn des Tigers,* o.J.
(Die Bücher von Paul Twitchell sind bei den Eckankar-Zentren erhältlich!)
Walters, Donald: *The Path.* Nevada City: Crystal Clarity 1977.
Yogananda, Paramahansa: *Autobiographie eines Yogi.* Bern/München: Scherz 1979.

15
Das Geheimnis des Pfades

Das große Geheimnis, wie man zur Selbst- und GOTTESerkenntnis gelangen kann, ist keineswegs vor dir verborgen worden. Du hast es früher schon einmal erfahren – so wie Millionen anderer Menschen, die ihren persönlichen spirituellen Weg gegangen sind. Doch obwohl du diese große Weisheit gehört hast, erkanntest du sie vielleicht nicht, weil du in deiner spirituellen Erfahrungswelt nicht auf diese Erkenntnis vorbereitet warst. Bist du jetzt bereit?

Das Geheimnis des Pfades lautet: Man muß sich von dem Ziel und dem Wunsch lösen, das Selbst und GOTT kennenlernen zu wollen. Statt dessen hat man im Augenblick zu leben und sein ganzes Sein in diesem Augenblick zum Ausdruck zu bringen. Ja, so einfach ist das!

Spirituelle Ziele sind mentale Konzepte und wertvolle Werkzeuge, die dem Verstand helfen können, das *Wissen* der Seele zu akzeptieren. Doch die Erfahrung des Selbst und GOTTES *geht über den menschlichen Verstand hinaus.* Diese Erfahrung erlangt man nicht durch Ziele.

Ein Wunsch oder Verlangen ist ein mentales Bild und gleichzeitig eine emotionale Sehnsucht nach etwas, was außerhalb von dir liegt. Außen nach Beweisen und Antworten in spirituellen Dingen zu suchen ist eine der größten Illusionen, mit denen du konfrontiert wirst. Wahre spirituelle Erkenntnis kann nur im Inneren gefunden werden. Deshalb ist Verlangen wirkungslos. Es führt nicht zur *Erkenntnis* des Selbst und GOTTES.

Wie kann man ohne Ziele und Wünsche von Augenblick zu Augenblick leben? Ich weiß, es ist schwer, sich so ein Leben vorzustellen, wurde uns doch von Kindheit an das Gegenteil eingeimpft. Die Antwort ist dennoch ganz einfach.

Halte inne und laß jetzt, in diesem Augenblick, alles, was dir auf deinem persönlichen Weg in diesem Leben begegnet ist, an deinem inneren Auge vorbeiziehen. Denke an all die Ereignisse und Erfahrungen, an die Strecke, die du in den letzten Jahren zurückgelegt, und den inneren Frieden, den du gefunden hast. Werde dir darüber klar, daß alles, was du durchgemacht hast, dich dorthin gebracht hat, wo du jetzt stehst, und das ist ein guter Platz. Du bist die Summe all deiner Erfahrungen als Seele, in diesem Augenblick, der vor dir liegt. Du bist weit gekommen, und all das, was du in deinem Inneren *weißt,* weiß niemand besser als du. Du bist Seele. Du bist ein göttliches spirituelles Wesen.

Nimm dir jeden Morgen ein wenig Zeit, um all die großartigen Möglichkeiten, die vor dir liegen, zu überdenken. Du weißt, daß jeder Moment ein spirituelles Erlebnis ist – vorausgesetzt, du ergreifst ihn bewußt. Jeder Gedanke und jede Handlung haben einen Zweck, den du verursachst, und werden in der Realität, für die du dich entscheidest, eine Wirkung hervorrufen. Du bist Seele, und du triffst *wissend* Entscheidungen über dein Leben.

Halte auch tagsüber zwischendurch inne, um die Wunder des Lebens und die Essenz der Erfahrung, die du im Augenblick machst, zu erkennen. GOTT drückt sich durch den GEIST in allen Lebewesen dieser Welt und allen Welten der Schöpfung aus. Du bist ein Teil dieses Wunders. Daraus kannst du großen Trost und großes Glück schöpfen.

Mache gleich jetzt Schluß mit der Illusion, daß die Zeit etwas Fortlaufendes ist, und sieh die Wahrheit in dem flüchtigen Augenblick des *Jetzt.* Das Geheimnis des *Wissens* um GOTT liegt im gegenwärtigen Augenblick verborgen, in dem du dein ganzes Bewußtsein auf das Jetzt ausrichtest und in der Macht und Liebe GOTTES ruhst. Du wirst es innerlich *wissen.* Deine Sinne werden die Wärme spüren, dein Geist wird überrascht innehalten, um die Unermeßlichkeit dieser Erfahrung in sich aufzunehmen, und dein Körper wird sich mit der göttlichen Energie des Seelenbewußtseins in Einklang bringen. Du lebst im *Jetzt.*

Erinnere dich am Ende jedes Tages daran: *Sobald dir klar wird, daß dir nichts widerfahren kann, was sich nicht im Einklang mit deinem Bewußtseinszustand befindet, hältst du den Schlüssel zur Selbst- und GOTTESerkenntnis in der Hand.*

Lebe gelassen, ohne dir Sorgen um die Vergangenheit oder Zukunft zu machen. Du brauchst keine Wünsche oder Ziele zu haben, die Wahrheit liegt direkt vor dir. Und sie wird in jedem Augenblick durch *deine* Existenz, *deine* Erfahrung und *deine* Erkenntnis bewiesen. Wenn du verstehst, daß es immer einen nächsten Schritt auf deinem Weg geben wird, unabhängig von der Gesamtheit deiner Erkenntnisse, kannst du gelassen an dein Leben herangehen. Was hat deine Hast für einen Sinn? Die Tatsache der ständigen Ausdehnung der GOTTwelten offenbart sich dir bei jedem Schritt auf dem Pfad und gibt dir die Gewißheit, daß dein Weg zur Selbst- und GOTTESerkenntnis immer neue Einsichten und Abenteuer mit sich bringen wird.

Du bist ein mächtiges spirituelles Wesen, durch das die Liebe GOTTES zu allem Leben zum Ausdruck kommt. Der GEIST erfüllt dein Sein mit Segen, und du gibst diesen Segen an die ganze Welt weiter. Die Weisheit des GEISTES schenkt dir Erfahrungen und unendlich viele Gelegenheiten, deine innere Wahrheit zu erkennen. Der GEIST verbindet sich mit dir in deinem Bemühen, positive Veränderungen in einer Welt zu bewirken, die nach Liebe und Verständnis dürstet. Das Geschenk der bedingungslosen Liebe, das du jeder Seele gibst, kehrt im Kreislauf des göttlichen Wirkens wieder zu dir zurück. So erfüllt GOTT alle deine Bedürfnisse.

Es gibt nichts Göttliches, was diese Welt oder ein Mensch dir geben könnte. Es gibt nur GOTT und die Erfahrung, Ihn zu entdecken, die niemals endet.

Ja, auch du kannst so leben, wenn du bereit bist. Versuche nicht, den Erkenntnisprozeß zu beschleunigen. Sei einfach alles, was du in deinem Leben im Augenblick sein kannst. Wisse, daß du selber bestimmen kannst, was in dein Leben kommen soll, und daß du die Herrschaft über deine Entscheidungen besitzt. Triff eine *bewußte* Entscheidung für dein Leben.

Wir haben eine kurze Zeit miteinander verbracht. Vielleicht treffen wir uns wieder. Du hast mir viele neue Seiten meines Selbst gezeigt, und ich danke dir für diese Erfahrung, die mich wachsen ließ. Du bist Seele, und ich verneige mich vor dir als einem göttlichen spirituellen Wesen. Mögest du immer von Segen umgeben sein.

Die Lehren der Meister der inneren Ebene und der höheren Wirklichkeit

Eliott James
ERLEUCHTUNG UND MEISTERSCHAFT ERFAHRUNG DER HÖHEREN WIRKLICHKEIT IM PRAKTISCHEN ALLTAG
Ganzleinen, 256 Seiten
ISBN 3-7157-0143-9

Eliott James hatte bereits im Alter von drei Jahren eine Begegnung mit einem spirituellen Meister der inneren Ebene, als er todkrank darniederlag. Der Schleier des Vergessens legte sich wieder über dieses wunderbare Geschehnis, bis es ihm später wieder bewußt wurde. Er studierte Theologie und Vergleichende Religionswissenschaft und machte Bekanntschaft mit östlichen Religionssystemen. Verschiedene Lehrer der inneren Realität, jedoch auch solche der physischen Ebene, arbeiteten mit ihm und führten ihn, Stufe um Stufe, auf dem Weg des Wissens und der Meisterschaft. Eliott James lebt in Atlanta, USA.

Eliott James berichtet in diesem Buch über seine schicksalhaften Begegnungen und erstaunlichen Erfahrungen mit erleuchteten Meistern der inneren Ebene und der höheren Wirklichkeit. Seit seiner frühesten Kindheit arbeiteten sie mit ihm, zuerst im Traumzustand und später auch auf der physischen Ebene. Sie vermittelten ihm Erkenntnisse über bisher unbekannte Daseinsformen in den vielen Welten Gottes und zeigten ihm, wie persönliche Entfaltung und geistige Feiheit auch im praktischen Alltag möglich sind.

Seine Erinnerung reicht bis an die Pforte des Lebens, als ihm die Chance geboten wurde, in das jetzige Leben einzutreten, um seine wirkliche Bestimmung zu erfüllen. Er durchlebte eine «normale» Kindheit, wenn auch mit einem starken Wissensdrang ausgestattet, der ihn immerzu nach seinem Platz in dieser Welt fragen ließ. Im Laufe der Zeit wurde er sich seiner vergangenen Existenzen bewußt, und er lernte immer besser, sein Gewahrsein zu neuen Erkenntnisebenen zu erheben. Dort wurde ihm ein Wissen vermittelt, das Bestandteil einer wenig bekannten Urlehre ist und das alle bisherigen metaphysischen Denksysteme bei weitem übersteigt.

Das Buch ist ein großer Schatz an profundem, esoterischem Wissen und Erfahrungen aus erster Hand. Es ist ein kraftvoll ergreifendes Dokument einer wunderbaren seelisch-geistigen Entwicklung. Es schenkt jedem wahrhaft Suchenden neue und tiefe Einsichten, welchem Weg er auch immer folgt. Ja, eine geheimnisvolle Energie scheint sich aufzubauen, die dem Leser die unbekannten Sphären seines eigenen inneren Universums immer mehr bewußt werden läßt, um schließlich in jenes grenzenlos große Verstehen einzumünden, das man ‹Erleuchtung› nennt.

Von den spirituellen Hintergründen, dem inneren Wesen und wahren Sinn einer Partnerschaft

Ariel Tomioka
VOM ATEM DER LIEBE GETRAGEN
WEGE ZU HÖHEREN DIMENSIONEN DER PARTNERSCHAFT
Ganzleinen, 356 Seiten
ISBN 3-7157-0151-X

Für jeden Suchenden nehmen Fragen nach dem spirituellen Hintergrund, dem inneren Wesen und wahren Sinn einer Partnerschaft an Bedeutung zu: Wie kann ich eine Liebesbeziehung in meine persönliche Entwicklung integrieren? Welcher Partner ist der richtige für mich und warum? Gibt es den für mich bestimmten Seelengefährten?

In keinem anderen Lebensbereich ist die Entfremdung des Menschen von seinem göttlichen Ursprung schmerzhafter zu empfinden als in den Partnerbeziehungen. Statt durch die reine Liebe den «Atem Gottes» zu spüren, bleiben Mann und Frau an ihren Egoismen haften, und statt ihre jeweils unentwickelten weiblichen und männlichen Anteile zu vervollkommnen, spalten sie die Beziehung auf in Polaritäten.

Selten zuvor sind uns zu diesem wohl drängendsten Problem ähnlich wertvolle Antworten und praktische Hilfestellungen vermittelt worden wie in diesem Buch. Ein Buch voller Wahrheit, Kraft und Liebe, in einer herrlich reichen und doch leicht verständlichen Sprache geschrieben.

Ariel Tomioka beschreibt die Geschichte ihrer Begegnung mit zwei spirituellen Meistern der inneren Ebene und ihrer gemeinsamen Arbeit, das «Geheimnis der Geschlechter» zu enträtseln. Unter ihrer liebevollen Anleitung erforscht sie den tieferen Sinn der männlich-weiblichen Polarität. Sie erhält bestechend klare und oft verblüffende Einsichten über das Wirken der männlichen und weiblichen Energieströme, und wie diese sich in jedem Individuum manifestieren. Sie fragt, hört zu, beobachtet, lernt – oft auf abenteuerlichen und spannenden Erfahrungsreisen in der anderen Wirklichkeit.

Der Leser wird sofort entdecken, daß jedes Kapitel, jede Seite und praktisch jeder Satz auch Verbindungen zu seiner eigenen Lebenssituation herstellen. Es ist eine wahre Freude, zu lesen und dabei von unvergeßlichen Erkenntnisblitzen überrascht zu werden. Jeder begibt sich beim Lesen der lebendigen Schilderungen auf sein ureigenes Abenteuer der Selbstentdekkung wie die Autorin selbst. Man ist zutiefst berührt, daß ein so persönlicher Bericht gleichzeitig universelle Gültigkeit hat.

Eine kostbare und unvergeßliche Begegnung mit einem außergewöhnlichen Buch

Dan Millman
DER PFAD DES FRIEDVOLLEN KRIEGERS
Die wahre Geschichte einer Erleuchtung
256 Seiten, broschiert
ISBN 3-7157-0086-6

Das Buch hat die Anlage, zu einem der erfolgreichsten Lebenshilfebücher in unserer Zeit zu werden. Gleichzeitig beschreibt es ein spannendes und oft atemberaubendes Stück Weg der Transformation – die wahre Geschichte einer Erleuchtung.

Dan Millman beschreibt seine Lehrzeit bei einem außergewöhnlichen Meister. Es ist ein moderner Sokrates, der sein geistiges Handwerk beherrscht. In seiner Schulung werden die Tiefen der menschlichen Seele ausgelotet und von lebens- und liebenshemmenden Hindernissen entrümpelt. Die endgültige Befreiung von der herzumklammernden Lebensangst wird hier ebenso gelehrt wie die von der Flucht in das andere Extrem, den träumerischen Illusionen.

Mit seinem oft befreienden Humor zeigt der Meister, daß er ein echter ist, denn in den unter seinem Scharfsinn oft schmerzreichen Seelenoperationen zwinkert manchmal ein feines Lächeln mit. Unter Aufbietung all seiner eigenen Lebenskräfte löst er Trauer und Verzweiflung auf und zwingt – mit aller Liebe und Güte – zum Leben. Er zeigt eindrücklich, daß der friedvolle Krieger sich nicht mehr als Opfer der Umstände sehen darf, sondern zum Baumeister seines eigenen Glücks werden muß, indem er frei vom Ego wird und sich nicht mehr mit jenem Wesen identifiziert, welches Erziehung und Gesellschaft aus ihm geschaffen haben. Dadurch wird er fähig, dem äußeren Leben wie auch den Welten der inneren Wirklichkeit mit Mut, Entschlossenheit und heiterer Gelassenheit zu begegnen.

Für den Leser kann seine Begegnung mit Dan Millmans Buch zu einem kostbaren Moment in seinem Leben werden – unvergeßlich! Es endet mit der minutiösen Schilderung der Ganzwerdung, wo er «sehend wurde für das Glück, das ihn schon immer begleitet hatte». Dieses befreiende Erkennen, dieses allesintegrierende Annehmen, diese einmalige Erleuchtung, hoch in den Bergen, ist ein ergreifendes Zeugnis einer wirklichen Menschwerdung.